小语典

语文教育文库

为教师专业发展蓄力赋能

本真的学习

项目化学习视域下
儿童问学课堂的创新实践

时珠平 著

济南出版社

图书在版编目（CIP）数据

本真的学习：项目化学习视域下儿童问学课堂的创新实践 / 时珠平著. -- 济南：济南出版社，2023.12
ISBN 978-7-5488-6088-4

Ⅰ.①本… Ⅱ.①时… Ⅲ.①小学语文课–课堂教学–教学研究 Ⅳ.① G623.202

中国国家版本馆 CIP 数据核字 (2024) 第 031878 号

本真的学习：项目化学习视域下儿童问学课堂的创新实践
BENZHEN DE XUEXI XIANGMUHUA XUEXI SHIYU XIA
ERTONG WENXUE KETANG DE CHUANGXIN SHIJIAN
时珠平　著

出 版 人	谢金岭
责任编辑	高茜茜　姚齐湘　毕姗姗
装帧设计	李　一

出版发行	济南出版社
地　　址	山东省济南市二环南路 1 号（250002）
总 编 室	0531-86131715
印　　刷	济南继东彩艺印刷有限公司
版　　次	2023 年 12 月第 1 版
印　　次	2024 年 2 月第 1 次印刷
开　　本	170mm×240mm　16 开
印　　张	16.25
字　　数	198 千
书　　号	ISBN 978-7-5488-6088-4
定　　价	58.00 元

如有印装质量问题　请与出版社出版部联系调换
电话：0531-86131716

版权所有　盗版必究

序

袁浩

"儿童问学课堂"研究团队又有一部新著问世了，令人十分欣喜，感佩而振奋！

十年前，潘文彬校长和他的研究团队站在教育思想的前沿，审视语文教学现状，创生了"儿童问学课堂"，开辟了一条语文课堂教学改革的创新之路，在全国范围内产生了广泛而深远的影响，获得了众多专家与广大同行的充分认可和热情赞誉。"儿童问学课堂的提出顺应了儿童的认知和学习发展的规律，为综合提升学生语文素养打开了新生面、新境界。"（特级教师孙庆博语）"儿童问学课堂好就好在她学得会，带得走，大家都可以用。"（特级教师管建刚语）"文彬校长带着他的团队，不断探索儿童问学课堂的建构，让问学成为一种精神、一种理念、一种品质、一种能力。"（教育专家成尚荣语）

在这十年的时间里，关于"儿童问学课堂"的理念、主张，不仅在文彬校长自身的教学实践中生成了一个个具有开拓性、创新性和示范性的经典课例，而且已成为团队的共同理念和愿景，并逐步转化为团队成员新颖丰富、各具特色的课堂实践。一位位语文名师、教坛新秀在这实践研究的过程中历练成长、脱颖而出。即将付梓的这部新著的作者——时珠平老师，便是其中杰出的一位。

文彬校长告诉我，时老师进入"儿童问学课堂"研究团队虽然时间不长，但他目标清晰而坚定，教学勤奋踏实，善于思考开拓，不断探索前行，业已成为研究团队的核心成员和文彬校长的得力助手。在短短的五年中，时老师在省内外各级教研、教科研活动中展示"儿童问学课堂"的实践样态，还通过各类传媒不断将自己从教学实践中提炼成的论文、随笔呈现给广大教师。这本专著便是他五年来对"儿童问学课堂"研究实践的结晶，融注着他的热情、心血和才智。

这本专著的前四章是时珠平老师基于实践探索、研究提炼而成的结构化了的理性论述，系统而清晰；后四章，以丰富多样、富有创意的鲜活课例，具体展示了实践样态，生动地诠释了儿童问学课堂的理念主张。

走进时老师的这本书，如同走进了儿童问学课堂。我们能真切地感受到其特有的自由、宽松、快乐的气息，沉浸在我们十分熟悉的场景里。中华中学附属小学的学生们，一个个想问、敢问、好问、善问。他们向同桌问、向群体问、向老师问、向资源问，问文本内容、问词语句式、问表达技巧、问文章机理、问文体特色、问实践运用……旧的问题解决了，又产生、发现新的问题……十年了，中华中学附属小学的学生们在学习的过程中，总是不断产生经过思考、梳理、提炼的高质量的、有创意的、驱使他们自主实践探究的种种问题。对"问"，他们始终兴致勃勃、激情充沛。儿童之"问"成了"儿童问学课堂"鲜明的外显特征。

对于"问"与"学"、"儿童问学"和"儿童问学课堂"，时珠平老师在书中多处做了精辟的论述。他说，学习的本质不是积累、掌握大量的知识，而是通过知识来发现问题、厘清问题、解决问题。引导学生提出问题才能让学生更加逼近学习的本质。"儿童问学"就是要引导学生以"问"促学、优学、乐学、实学，以"学"启问，让学生深问、好问、善问。

他说，"儿童问学课堂"能够给学生足够的自主悟学、合作探究的时间和空间，从而保证了学生都能满怀信心地投入到学习中去。在儿童问学课堂里，"问""学"互动，互相促进，相互成全，和谐共生。"思"贯穿在"问学"始终，并在"问学"过程中提升发展。他说，"问"与"学"一起充实并描绘着儿童问学课堂的学习生活，彰显出一种独特的课堂文化气质和蓬勃的精神力量。

读着书中这些清澈而敞亮的文字，我耳畔时常响起文彬校长熟悉而亲切的声音。无疑，时老师是得文彬真传，深谙"问学"之道的。

走进时老师的这本书，就能听见儿童问学课堂研究团队应和着时代节拍开拓前行的步履声，感受到作者与团队成员们对儿童、对语文的挚爱真情。

十年前，面对当时语文课堂教学的普遍状况：儿童学得被动、无趣，教师教得过度、低效，儿童主体地位缺失，"学"与"教"的关系失衡，他们大声疾呼"让儿童站在课堂中央"，聚焦于"儿童真实而自由的学习"，着力建设"儿童第一"的课堂。

2016年前后，针对现实课堂中的一些"假学习""浅学习"的现象和部分学生思维发展处于平面滑行的状态，他们确立课题，在"让儿童站在课堂中央"的基础上，以"为了儿童的深度学习"为主题，以培养儿童思考的习惯和思维的品格、提升思维能力为重点，开展实践研究，进一步深入推进"儿童问学课堂"的建构与实施，对学生提问的发生、问题的层次、"问"与"学"的支架、"问""学"相生相促的机理进行了更深入的探索。

近几年来，他们更加关注儿童个体生命价值的实现。为了将中央"双减"的文件和《义务教育语文课程标准（2022年版）》精神在"儿童问学课堂"中落地生根，关爱学生、发展学生、成就学生，他们在中华优秀教育经典中汲取智慧，借鉴项目化学习理念，从驱动型问题、真实性情境、挑战性任务、综合性学习实践活动、持续性建构、全程性评价、阶段性成果等不同角度，从儿童问学课堂项目化实施的背景、价值、机理、角色和学习的特征、路径和策略、工具和管理等诸多层面不断探索，初步形成了更具儿童性、探索性、开放性、合作性和生长性的"儿童问学课堂"的新样态。在时老师这本书的字里行间，一个完整的"儿童问学课堂"的理论体系正呼之欲出。

十年来，中华中学附属小学语文教育园地始终高高飘扬着"为了儿童"的旗帜。今天的"儿童问学课堂"业已建成了语文教与学的共同体。在这样的课堂里，师生成为相互学习、教学相长的伙伴，语文教学是师生之间、学生之间、师生与文本之间真实的、多向互动的对话过程。教与学也成了多种课程资源、学习资源的交流与融合。共同体的每个成员对文本的质疑发问、理解感悟、答问辩论，语文知识积累和学习经验、生活实践阅历、情感、态度、价值观，对他人都是一种重要的课程学习资源。学生核心素养的全面发展就在这种鲜活、丰厚的人际滋养中得以逐步实现。

走进时老师的这部专著，凝神细读，抚卷静思，对什么是了解儿童、热爱儿童、尊重儿童、为了儿童，什么是不忘初心、方得始终、驭船潮头、破浪前行，什么是极目前瞻、得风气先、创造历史、推动历史，我们一定会有许多更深的感动和更新的领悟。

博士生导师黄伟教授说，"问学"是一个古老且经典的命题，是一个大课题，也是一门大学问，具有无限广阔的理论探索的空间和实践开拓的场域。在这一方面，中华中学附属小学的"儿童问学课堂"，无疑是具有理论的先行探路性和实践的深耕创新性的杰出样例。我非常赞同，深受教益。

感谢创造这一杰出样例的中华中学附属小学的实践者、研究者们！感谢这部新著的作者时珠平老师，让我们幸福地分享这一杰出样例的研究成果！

（袁浩，江苏省中小学荣誉教授，江苏省人民教育家培养工程首批指导专家，江苏省教育学会小学语文专业委员会名誉理事长，中国教育学会小学语文专业委员会顾问）

目 录

| 上篇　理性思考 |

> 为高质量落实立德树人的根本任务，我们要有改革的愿望和主动性，这种改革不是"被改革"，也不是颠覆式改革，而是在实事求是分析的基础上，在学校原有教学样态的基础上稳步推进，将教育教学变成儿童和教师都乐于接受和易于实施的样子。

第一章　项目化学习视域下儿童问学课堂的实践价值

儿童问学课堂的实践背景 / 003

儿童问学课堂的实践价值 / 014

第二章　项目化学习视域下儿童问学课堂的意蕴与特征

儿童问学课堂的机理特征 / 018

儿童问学课堂的角色特征 / 030

儿童问学课堂的学习特征 / 038

第三章　项目化学习视域下儿童问学课堂的路径与策略

儿童问学课堂的实施路径 / 044

儿童问学课堂的问题处理 / 053

儿童问学课堂的任务设计 / 061

第四章　项目化学习视域下儿童问学课堂的工具与管理

儿童问学课堂的学习工具 / 073

儿童问学课堂的学习管理 / 095

儿童问学课堂的学习评价 / 104

┃下篇　实践探索┃

> 项目化视域下的儿童问学课堂，学生在挑战性任务的驱动下，在一定情境中，带着一定的任务进行自主探索、互动协作的学习实践活动，在自主、合作、探究、反思的过程中实现语言和思维的层进性建构。

第五章　现代文教学

借助问学任务单，自然生成驱动型问题

——以《珍珠鸟》教学为例 / 117

巧用问学展示板，现场拟定挑战性任务

——以《十六年前的回忆》教学为例 / 125

借助查找的资料，有效内化关联性知识

——以《为人民服务》教学为例 / 141

第六章　文言文教学

驱动型问题：指向自由深入的语文学习

——以《伯牙鼓琴》教学为例 / 149

挑战性任务：走向自主发展的语文学习

——以《两小儿辩日》教学为例 / 164

持续性建构：迈向自然真实的语文学习

——以《古人谈读书》（二）教学为例 / 182

第七章　习作教学

整体设计：单元习作教学的项目化实施

以习作《变形记》教学为例 / 191

任务驱动：单篇习作教学的板块化推进

——以习作《我的心爱之物》教学为例 / 203

全息参与：儿童写作难点的有效性突破

——以习作《有你，真好》教学为例 / 215

第八章　跨学科学习

成果意识：跨学科学习应有的目标指向

——以《语文综合性学习·中华传统节日》教学为例 / 225

｜参考文献｜

参考文献 / 239

｜后记｜

从"不以为然"到"无以为报" / 243

上篇 理性思考

第一章
项目化学习视域下儿童问学课堂的实践价值

儿童问学课堂的实践背景

课堂是有规律的自由活动,不管课堂怎样改革,都既要遵循教学规律和相应规范,也要有充分的自由度,这样才能让课堂改革平稳落地并保持活力。课程凝练了学科核心素养,语文课程是一门学习祖国语言文字运用的综合性、实践性课程,它在落实立德树人的教育总目标指引下,承担着与自身特质密切相关的目标责任。核心素养作为应对这种变革的顶层设计,内在地要求学生更主动地学,更深入地学,更有创造性地学。儿童问学课堂,紧扣教育改革发展和时代对人才的要求,结合自身实践过程中的做法和思考,引入项目化学习的相关理念,开展儿童问学课堂的创新性实践。

一 基于素养发展的导向

核心素养是学生通过课程学习逐步形成的正确价值观、必备品格和关键能力,是课程育人价值的集中体现。核心素养是当前教育教学工作的总目标,"立德树人"是党和国家对教育的总要求。在我国语文课程七十多年来的改革历程中，课程目标经历了从"双基"到"三维目标"，再到"核心素养"的迭代发展，但这三者并不是对立关系，而是从教书到育人的进阶发展与整合并包的关系。义务教育语文课程培养的核心素养，是学生在积极的语文实践活动中积累、建构并在真实的语言运用情境中表现出来的，是文化自信和语言运用、思维能力、审美创造的综合体现。儿童问学课堂在项目化实施时要以学生的素养发展为导向，充分体现素养导向下的语文课堂的特点。

（一）目标的层进性

核心素养不仅是对三维目标的整合，还是对浅层学习目标的超越。它不仅要关注记忆、理解、应用等基础学习目标，更要关注分析、评价、创造等高阶学习目标。学生的学习不能只停留在记忆、理解和简单的应用层面，因为这个层面上的教学只能教会学生认识世界和按照程序执行任务，不会成为他们改造世界和开展创造性工作的助推器。为此，不同学科、不同学段、不同单元、不同课时的学习目标需要根据课程标准、教材内容和学情特点分别选定，在目标拟定的过程中，既要把握好短期目标和长期目标的关系，也要关注好基础目标与高阶目标的达成。

（二）内容的结构性

课堂教学中常会出现以下现象，如教师先将孤立的、非情境性的知识呈现给学生，然后通过举例、活动等方式让学生记忆和理解。这种教学方式尽管也有一定的作用，但学生大脑中存储的知识是零散的、碎片化的，在遇到新问题时，学生往往只能依靠惯性机械地运用已有知识解决问题。因为在学习的过程中，学生没有能有效地在新旧知识之间建立联结，以致无法有效激活、提取和运用新知识，进而出现解决问题效率低、质量差的现象。为此，在选择学习内容时，一方面需要教师根据学习目标灵活地重组教学素材，使其有较强的结构性；另一方面需要想方设法让教学内容既内蕴着知识，还潜涵着知识得以活化的手段和途径，如情境设计、问题表述、思维过程等。结构性知识经师生投入学习、反思、提问、探究、挑战、明析，才能形成更为鲜活的、带得走的知识。

（三）活动的情境性

情境认知学习理论认为，知识是根植于情境之中的。因此，学习活动的设计需要在真实情境方面着重考量。《义务教育语文课程标准（2022年版）》（以下简称为"课程标准"）强调"义务教育语文课程实施从学生的语文生活实际出发，创设丰富多样的学习情境"，是因为核心素养的培育和提升离不开学习情境。学习活动的情境创设主要依托于富有挑战性的学习任务的设计，而富有挑战性的学习任务往往又表现为一系列内在关联的问题。因此，在教学过程中，我们关注的重点需要从指向知识内容的学习活动设计转变为指向问题情境的学习活动设计。学习应是以学生为中心，以内容为任务，让学生在活动情境中自我展开的过程。

（四）评价的全程性

学习评价主要有两类，一类是对学习的评价，表现为结果性评价，其目的在于诊断、甄别和确定学习效果；一类是为了学习的评价，表现为过程性评价，其目的旨在促进、推动和发展学习。核心素养背景下的学科教学不仅需要"对学习的评价"，更需要"为了学习的评价"。在课堂教学中，两种评价方式协调运用，不仅可以促进学生深入理解学习内容，改进学习策略，还可以帮助教师及时调整教学策略，增强课堂学习的实效性。全程性评价和及时反馈，一方面有助于学生了解并监测自我认知能力发展的动态过程，另一方面促进学生将自己的进步归结为当前努力学习的结果。这样在保持学习自信心的同时，还有助于激发、调动或维持学生后续的学习动机和学习兴趣。

二 基于落实"双减"任务的需要

2021年7月，中共中央办公厅、国务院办公厅印发《关于进一步减轻义务教育阶段学生作业负担和校外培训负担的意见》。对于学校和中小学教师来说，"双减"是一项庞大的系统工程，儿童问学课堂的研究者认为要有效落实"双减"，应着力聚焦以下几点。

（一）聚焦课堂，才能有效落实"双减"

江苏省小学语文教研员李亮博士认为，实施"双减"减轻学生负担的目的是提高学习的质量，让学生学得更好而不是更少，这是家长和社会关切的，而课堂就是学生在校学习最基本的时空单位，学生学得怎么样，主要看课堂上学得怎么样，课上如果没学好，一切都是空谈。且任何一次教育改革都离不开教师教学行为的改变和支持，课堂是教师教学的主阵地，教师的改变主要体现在课堂的改变中。

现在，从国家层面来说，新的课程方案、新的学科课程标准、新的教材均已到位。那么，在学校里，有效落实"双减"，关键还是看课堂有没有变化，课堂有没有减负增效。作为教师，我们要努力地围绕课堂改革行动，因为课堂才是落实"双减"要求的主阵地。我们可以把讨论课堂教学的改变作为落实"双减"的一个切入点。"双减"背景下的语文课堂，教师应转变教学理念，改变教学结构，以学生的学习为核心、为出发点、为逻辑主线来设计教学活动，为学生提供更强的学习动力，指导学生合作、探究、学习。教师要不断地优化教学方式，提高课堂教学效率，这样才能真正实现减负增效。

（二）聚焦学生，才能有效落实"双减"

提起课程改革的目标，最常听到的是这样两句话：为了每位学生的发展，为了中华民族的复兴。这是课程改革的根本目的和核心价值。课程改革就是为了每位学生的发展，倘若离开学生，课改就毫无价值和意义。所以，"双减"的核心是一种以学生为中心的教育观。它强调立德树人，强调素养指向，强调让学习真正地发生，尤其是有效地发生，高质量地发生。

"双减"后的学生有了更多的自主学习、自主支配的时间。课堂上能培养出主动的学习者，课后学生才更知道怎么去学。课程改革也好，"双减"也好，说到底都是为了中华民族的复兴，因为有什么样的学生就会有什么样的民族和什么样的未来。所以，我们的教学要聚焦学生，聚焦学生的听、说、读、写能力的提升，聚焦学生思维品质的培养，聚焦学生良好习惯和学习力的培养，聚焦学生素养的全面提升。

（三）改变行为，才能落实"双减"要求

为有效落实"双减"，教师还需要在行为上改变自己，建立和谐的师生关系。充分调动学生在学习过程中的主动性和创造性。教师应平等地对待每一位学生，给予每位学生平等参与学习活动的机会，确保学生全体、全面、全程、有效地参与学习。学习活动既要面向全体学生，又要尊重学生个体的学习自主权，做到因材施教，开展差异化教学，加强个别指导，探索个性化的教学方式，满足学生多样化的学习需求。学生学习的全过程中，教师要关注学生的困惑，关注学生的兴趣点，围绕它们创设情境并设计贴近学生生活的真实多样的语文实践活动，引导学生展开学习。同时还要注重学习过程指导，为学生搭建多样的学习支架，让学生真正参与到学习中来。只有当教师的观念和行为改变了，才能真正实现减负增效。

三 基于新课程标准的要求

2022年4月，为全面落实立德树人根本任务，进一步深化课程改革，教育部印发了《义务教育语文课程标准（2022年版）》。新的课程标准提示我们大力推进教学改革，转变育人方式，切实提高育人质量。新的课程标准从课程性质、课程理念、课程目标、课程内容、学习质量和课程实施这六个方面对课程和课堂教学提出了新的要求，其目标的完整性、系统性、逻辑性都很强，对儿童问学课堂的教学改革也有很强的导向性。

（一）以文化人，体现育人价值

语文课程的主题内容包括中华优秀传统文化、革命文化、社会主义先进文化、国外优秀文化、日常生活科技进步等方面，这就要求学生在学习空间上要走出课堂，走向生活；在学习时间上，要重视着眼于未来的学习，培根铸魂、启智增慧。无论是教学目标、内容、方法，还是师生间的互动，都应该体现出培养人的意义，让语文学习的过程成为培养积极健康的人的过程。

（二）整体规划，发挥综合效应

学科核心素养，是基于学科特质的学科化表达，包含着从核心知识、思维方式、审美能力，到关键的学科能力的综合的学科理念和学科文化。义务教育语文课程要求的核心素养是文化自信、语言运用、思维能力和审美创造四个方面的综合体现，是一个完整体系。语文课程内容的丰富性，语文教学过程的开放性，以及语文课程资源的普遍性，使其具有多重价值和功能。语文课程只有整体规划，才能发挥综合效应，它不仅对学生个体成长和同伴交往具有重要的教化功能，而且对促进社会合作、国家发展，铸牢民族共同体意识，建立文化自信，实现民族复兴等能够产生综合效应。

（三）立足生活，设计实践活动

语文学科有自己的核心知识体系和学习的基本思想方法，其核心知识体系和基本思想方法都是在积极的语文实践活动中积累、建构，并在真实的语言运用情境中表现出来的。立足生活来设计语文实践活动，有助于学生有效积累语言经验，不断将吸纳的新经验与原始经验整合，逐步形成稳固的知识框架，从而自觉调动原有知识，学习新知识，以探索解决新情境中的复杂问题。儿童问学课堂在设计语文实践活动时，总能立足于学生的生活经验和需求，设计丰富的语文实践活动，引领学生体验、运用语文学习的基本思想方法，启发学生思考如何学习，引导学生学会学习，为学生的全面发展和终身发展打下基础。

四 基于课堂改革中的主要问题

课堂教学改革是一个难点，尤其对一线教师来说。没有一种课堂教学样态能让所有的教者都信服，也没有一种学习模式能让所有的学习者都呈现最佳的学习效果。

（一）课堂改革过程中的显性问题

现实的一些课堂中，学生还是不能站在课堂的中央进行自主学习和建构，存在一些"假学习""浅学习"的现象，部分学生的思维发展还处于一种平面滑行的状态，学习行为低效。

在个别教师的课堂中，仍存在以下问题：一是教学目标虚化，教学内容泛化，教学过程形式化；二是教师的问充斥着整个课堂，学生的问得不到应有的关注；三是教师对核心问题的辨析力不够，常常纠结于细枝末节；四是教师缺少将核心问题转化成驱动型问题的能力；五是一味地模仿名师或生搬硬套，不能探索适合本班学情的课堂教学；六是课堂教学的核心问题的张力不够，致使让学生学习和探究的氛围缺失等。归结起来，就是不能充分地关注人，不能关注眼前活生生的学生及其需要。儿童问学课堂的实施，就是要重塑课堂人本化的对话维度与交互方式，使课堂发展势态走向深度化、多边化、真实化。

（二）课堂改革过程中的隐性问题

1. 不能理论联系实际。个别教师对各种学习理论的运用有些随意和茫然，对各类学习理论往往奉行拿来主义，不加辨别，不能联系具体的教育教学实际。行为主义者认为学习是过去经验的结果。认知理论则强调学生的思维随年龄增长而发生有序变化。社会学习理论强调学生可以通过观察他人的经历来学习。建构主义者认为学习不是简单的传授，而是学习者接收、理解新信息，并以某种方式将新的信息附加到自己的已有认知当中。建构主义学习理论最常用的学习方法是发现式学习和基于项目的学习……每一种理论都拥有其合理性，但这种合理性应与具体的学校、具体的学科、课堂实际相结合，与具体的教学内容相谐，才能产生科学有效的效果。

儿童问学课堂，经过研究者多年的研究，已形成了自己的理论和实践样态。儿童问学课堂在项目化实施过程中能充分关注学习者，关注学习者的问，聚焦学习者的学，关注学习情境，让学生在已有知识的基础上学。学生在学习过程中能发现自己的困惑，知晓自己学习的方向，甚至能通过梳理和反思找到知识的源头，形成新知识和新技能。从这些特征当中，我们几乎能找到认知理论、行为主义、建构主义、社会学习理论等所有理论的影子，而不只是对某一种学习理论进行单一实践。

2. 缺少革新的勇气。在现实的一些课堂中，学习方式的变革还只是停留在口头上，学生仍处于被动应付、机械训练、死记硬背、简单重复的学习状态中。在这样的学习过程中，学生不能用自己的眼睛观察，不能用自己的语气表达，不能用自己的嘴巴提问，不能用自己的大脑辨别，所以很难拥有适应未来社会发展的创新精神和创新能力。部分教师也知道自己教学的问题症结所在，只是缺少革新的勇气。如不愿让学生参与到学习目标的提出、学习进度的制定中来，这样课堂中就不能让学生在提问中学习，在学习中提问，在解决问题中学习并发现新问题。少了问题的发现、提出和解决，就少了自主学习、合作学习、探究学习，学生学习时也就很难有较强的内驱力，更不要奢谈在学习过程中产生积极的情感和自我调控的能力。

因此，目前迫切需要一种课堂探索来回应基于核心素养发展的时代要求，回应基于"双减"落实的要求，回应基于新课程标准的理论要求，回应语文课堂改革发展过程中自身的问题。现在我们进行的儿童问学课堂的项目化实践，就是一种全新的探索，且这种探索不断带给我们惊喜。

儿童问学课堂倡导基于学生问题的自主学习，从知识为中心的碎片化学习转向问题解决的整体性学习，就是让学生提出问题，师生共同参与、广泛交流，并在核心问题的引领下展开学习活动，引导学生充分经历思考、探究、发现、感悟和拓展的过程，教师在师生、生生的对话交流碰撞中适时指导和点拨，并抓住问题创生的节点推动学生的思维朝更广、更深的境地发展。

儿童问学指向学生的"问"与"学"，体现了学生学习的主体性，能让学习真正发生。当真实而自由的学习能够发生，学生就能得到最大化发展。儿童问学课堂在转变学生学习方式的过程中提升了他们的核心素养，最终让学生从"问学"走向"学问"，从而完善他们的成长过程，促进每个学生最优化发展。项目化学习是学生在一段时间内，对与学科或跨学科有关的驱动型问题进行深入持续的探索，在调动所有知识、能力创造性地解决新问题、形成公开成果的过程中，做到对核心知识和学习历程的深刻理解，并能在新情境中将这些理解进行迁移运用。

五　基于创新人才培育的需要

当前，建设创新型国家已成为我国发展的重大战略。创新型国家的建设离不开创新型人才，创新型人才的塑造需要创新的教育模式。塑造创新人才，教育上不能仅限于知识传授，还要营造安全、民主、自由的学习环境，让学生永葆好奇心和想象力。

钱学森在2005年提出"为什么我们的学校总是培养不出杰出人才？"，这一问题是需要每一个教育工作者认真反思的。习近平总书记也反复强调创新人才培养问题。在十九届五中全会上，他提出"坚持创新在我国现代化建设全局中的核心地位"，同时确立了新时期教育发展的总体任务是要构建高质量教育体系。能否源源不断地培养出各类创新人才，应当是衡量教育体系质量高低的关键指标。近年来，学界的研究文献中涉及创新人才培养的非常多，但大部分论述的是高等教育对创新人才的培养，对于基础教育在创新人才培养中担当的使命与责任的研究非常少。如何从基础教育的特点出发提升全体学生的创新素养，是儿童问学课堂研究团队一直以来思考的问题。经过十年的研究和实践，儿童问学课堂对于学生创新性思维能力的培养取得了显著的成效，相关研究成果多次获得省、市级教学成果奖。在江苏省义务教育阶段学业水平测试2018年和2020年的两份分析报告中，南京市中华中学附属小学的学生在"好奇心""高层次思维能力发展""同伴关系""对教师教学方式的认可度"等项目指数上均远远超过所在区、市、省的平均水平。儿童问学课堂强调对学生好奇心、想象力、分析力、批判力的培养，从某种程度上来说，是对基础教育阶段有效实施高质量创新人才培养路径的全新探索。

儿童问学课堂突出创新素养培养目标，切实营造出利于学生创新素养发展的良好生态，培养学生独立思考、自主自信、不迷信权威等品质，让每个学生时时处处都受到尊重、获得自信、保持兴趣、富有想象、乐于挑战、担当责任，为成为祖国未来所需的创新人才奠基。

"十四五"期间，我们将项目化学习理念引入儿童问学课堂的新实践。借助项目化学习中"指向对核心知识的深度理解""创建真实的驱动型问题""用高阶学习带动低阶学习""将素养转化为持续的学习实践"等理念来改造儿童问学课堂，更好地引导学生发现问题、建立联系、聚焦研究、交流成果、评价过程，从而让学生的学习更真实、更持久、更深入，也让学生能够更主动、更投入、更快乐地学习。

儿童问学课堂的实践价值

项目化学习作为一种基于项目问题解决的学习方式，对学生的自主学习、合作能力的要求更高。将项目化学习理念引入儿童问学课堂后，以"学"为核心的教学就能更大程度地实现。它深化、发展了儿童问学课堂，优化了教与学的方式，有效促进了学生核心素养的提升。学生在课堂中生发出了更多的精彩的观念，提出了更有价值的问题，提升了自主学习、合作学习、持续学习的能力。

一 促进学生核心素养的发展

"立德树人""以文化人""学以成人"是新课程改革的出发点和立足点，将项目化学习的理念引入儿童问学课堂，进行儿童问学课堂的创新实践，是新课改理念在儿童问学课堂落地生根的一条重要路径。项目化学习为学生学习开拓了新的渠道，倡导"任务导向""做中学"，具体操作时向各学科渗透，为学生的核心素养提升提供多种通道。教师将项目化学习的理念引入儿童问学课堂，调动学生全身心加入到学习活动中，"育其知""育其能""育其行""育其心""育其根"，探索出更多的育人路径，并在多种路径中促进学生核心素养的发展。

义务教育阶段语文的核心素养是"文化自信""语言运用""思维能力"和"审美创造"的综合体现。项目化学习视域下的儿童问学课堂，对提升学生"文化自信""语言运用""思维能力"和"审美创造"有重要意义。学生通过发现问题、表征问题、厘清问题、解决问题，来真正理解、会悟、掌握知识，发展语言和思维能力。语言是思维的外化，思维过程需要借助语言完成，语言发展的同时必然伴随着思维的发展。项目化学习视域下的儿童问学课堂，能不断提升学生的直觉思维、形象思维、逻辑思维、辩证思维和创造思维，使学生的思维更具敏捷性、灵活性、深刻性、独创性和批判性。项目化学习视域下的儿童问学课堂，通过引导学生不断提出问题和解决问题，培养学生的好奇心和求知欲，让学生养成崇尚真知、勇于探索创新、积极思考等良好的思维品质，并在语言和思维建构的过程中自然形成文化自信和审美能力。

在儿童问学课堂的实施过程中，学生不仅是教育教学的对象，还是有发展需求的发出者、参与者，甚至是创造者。将项目化学习活动的设计理念引入儿童问学课堂，可以拉长学生提出问题、分析问题、解决问题的周期，即让学生的每一个学习过程都经历主动思考、合作探究、拟订方案、自我验证、改进提升、发现规律、产生新疑惑。在这个过程中学生不但获得对新知识的理解，更重要的是获得了持续学习的能力和深入学习、主动学习的习惯，这些为学生核心素养的提升提供了保障。

二 促进教学方式的优化

在 2019 年 6 月 23 日，中共中央国务院颁布了《关于深化教育教学改革全面提高义务教育质量的意见》，其中明确提出要优化教学方式，坚持教学相长，注重启发式、互动式、探究式教学。教师课前要指导学生做好预习，课上要讲清重点难点、知识体系，引导学生主动思考、积极提问、自主探究；融合运用传统与现代技术手段，重视情境教学；探索基于学科的课程综合化教学，开展项目化、自主式、合作式学习。项目化学习视域下的儿童问学课堂，是基于学生问题解决的学习，这种教学模式强调学生之间的互动与合作，有效解决"浅学习""假学习"的问题，有效引导学生将注意力集中到要解决的核心问题上，通过自主、合作、探究的活动解决问题并不断生成新问题。

课堂的创新主要在于教师教学行为的改变和学生学习方式的优化。项目化学习视域下的儿童问学课堂，通过转变教学方式，让学生在学习过程中保持一种兴趣与内驱力，相信也会让学生在未来的竞争中始终持有一种热情和创造力。项目化学习视域下的儿童问学课堂，是一种创新的教与学的方式，在教育创新发展的今天，已不断被更多的学校和教师关注和应用。著名特级教师管建刚老师说："儿童问学课堂好就好在它学得会，带得走，大家都可以用。"基础教育改革需要它，课堂转型需要它，教师和学生的未来，更加需要它的加入。项目化学习视域下的儿童问学课堂，是全新的、自由的、富有挑战性的。项目化学习视域下的儿童问学课堂，主要是以建构主义理论为指导，强调学生能够在真实情境中通过对驱动型问题的探究，实现语言和思维的层进建构，并在建构过程中提升核心素养。项目化学习视域下的儿童问学课堂，指向学习的本质。驱动型问题的设计、持续性探究等重要特征，使儿童问学课堂具有明显的个性特征，让学生的思维发展和能力提升具有可见性，让学生的学习更具内生力和生长力，也让学习更具延展性。

三　促进儿童问学课堂的自主革新

儿童问学课堂从 2013 年开始萌芽，到 2023 年正好 10 年，它一直在不断地丰富和自我革新。刚开始，儿童问学课堂，可能只是想找一条能真正让儿童站在课堂中央的路径，所以，我们设计了问学任务单，教师根据学生课前在问学任务单中提出的问题来设计教学活动，这是用学生的问题来引导学生的学习进程，是儿童问学课堂第一阶段的探索，目标聚焦于"儿童第一"的学习，聚焦于儿童真实而自由的学习。大约到了 2016 年，我们在让学生站稳课堂中央的基础上，进一步追求学习的深度，所以我们对

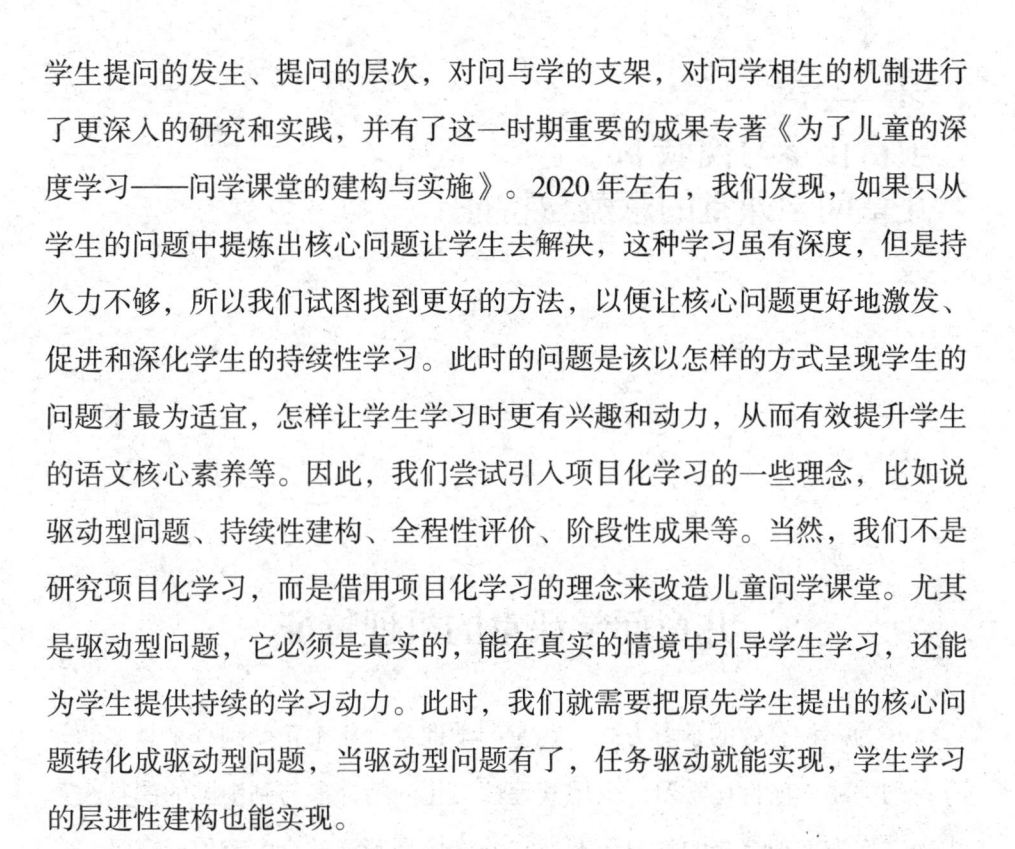

学生提问的发生、提问的层次，对问与学的支架，对问学相生的机制进行了更深入的研究和实践，并有了这一时期重要的成果专著《为了儿童的深度学习——问学课堂的建构与实施》。2020年左右，我们发现，如果只从学生的问题中提炼出核心问题让学生去解决，这种学习虽有深度，但是持久力不够，所以我们试图找到更好的方法，以便让核心问题更好地激发、促进和深化学生的持续性学习。此时的问题是该以怎样的方式呈现学生的问题才最为适宜，怎样让学生学习时更有兴趣和动力，从而有效提升学生的语文核心素养等。因此，我们尝试引入项目化学习的一些理念，比如说驱动型问题、持续性建构、全程性评价、阶段性成果等。当然，我们不是研究项目化学习，而是借用项目化学习的理念来改造儿童问学课堂。尤其是驱动型问题，它必须是真实的，能在真实的情境中引导学生学习，还能为学生提供持续的学习动力。此时，我们就需要把原先学生提出的核心问题转化成驱动型问题，当驱动型问题有了，任务驱动就能实现，学生学习的层进性建构也能实现。

经过十年探索，儿童问学课堂已经摸索出了适用性强且易操作的教学范式。在改革理念上，完全凸显学生自身学习的特点，且符合学生的学习和认知规律。在此过程中，也让我们逐渐探索出更具学科性、开放性、游戏性、合作性和生长性特点的课堂教学的新样态。

第二章
项目化学习视域下儿童问学课堂的意蕴与特征

儿童问学课堂的机理特征

作为一种有效的学习方式，儿童问学课堂近年来正受到越来越多的教育者的关注。项目化学习，也用其理性文化的精神参与到中国的课堂改革中来。作为一种综合的学习形态，它的雏形是美国教育家克伯屈在吸收杜威的学生观与桑代克的学习理论基础上提出的"设计教学法"，这种教学法充分尊重学生的学习主动权和自主学习活动的设计。它先后多次以更新的样态被引进国内，尤其是2010年以来，项目化的学习理念在基础教育领域开始逐步被推广。在新一轮的课程改革中，课堂教学更加注重学习方式的变革，更加关注个体生命价值的实现。儿童问学课堂和项目化学习都是问题驱动下的学习，都是学生本位的学习，都是指向思维发展的学习，都强调整体化设计，都关注学生的生命成长。

一 儿童问学课堂的特征

儿童问学课堂以"问"为特征，以"学"为核心，以"任务"为载体，是以问启思，以问促学，问学相生，孕育精彩观念并促进学生优化发展的教学新样态。由此，我们不难发现儿童问学课堂应具有以下特征。

（一）以儿童的"问"为特征

儿童问学课堂的"问"，主要是儿童之问。因为"问"是学的开始，学生开始发问，个人思考才开始，主动学习才成为一种可能。《学记》中说"善问者，如攻坚木，先其易者，后其节目，及其久也，相说以解"，意思为善于发问的人，犹如砍伐一根坚硬的木头，它会帮助发问者由易而难、由浅入深逐步解决有挑战性的问题（知识）。学生在不断发问的过程中逐步靠近并理解核心知识。《中庸》伸张"尊德性而道问学"，将问学作为修养德性的路径，并由此发展出"博学之，审问之，慎思之，明辨之，笃行之"的修学进路。问学的精神和问学的实践还可以追溯到苏格拉底的"产婆术"和孔子的"问答法"以及后来书院的"问对"制度。这些都可以看出"问"对学习的重要性。

问是最好的学习方式。问就是学习的发生，这里所谓"学习的发生"不仅指"问"可以促成学习的发生，而且指问的行为（心理行为和言语行为）本身便是学习的真正发生。提问，是学习主体经过疑惑、质疑而寻求释疑解惑的过程。这样一个问题产生的过程就是学习：把心中的疑团转化成为问题是学习，把心中的问题提炼成问句是学习，而寻求问题的解释则更是学习。在科学领域中，常常是提出一个问题比解决一个问题更重要；而在教学领域，让学生提出一个问题比回答一个问题更有价值。因为问是内发的，是主体基于已有理解基础上的困惑或质疑。提出问题不仅是学习新知的重要方式，也是自我理解、寻求新解的过程。用发现问题、表征问题、探究问题、理解问题、解决问题的方式来展开学习的学习者，既不会拜倒在权威的脚下，也不会成为知识的奴隶，其学习的过程是塑造主体人格、养育独立精神的过程。

（二）以儿童的"学"为核心

汉语中繁体的"学"字，上面是双手操作，构木为屋，下面是"子"，可见，孩童才是学习的主体，且学习还应是一种动手实践的过程，儿童通过反复的练习和实践，习得新的本领就是学。《论语·学而》的开篇就说"学而时习之，不亦说乎"，讲的就是学习的方法和态度。"学"需要有持久的定力，不能懈怠和停止，《荀子·劝学》就提醒我们"学不可以已"。"学"还能让人知晓不足，反躬自问，不断进取，《礼记·学记》中有"学然后知不足……知不足，然后能自反也"的说法。再如韩愈的《进学解》、张之洞的《劝学篇》等，强调的都是"学"，而非"教"。儿童问学之学，是针对教师主宰课堂，"教"得过度而言的，它充分强调学习者的主体性，强调教师应退位让学，适度施教，以学定教，变教为学，从而让学生在课堂上更主动地学，更快乐地学，更真实地学。

儿童问学课堂，让儿童在问中学，在学中问，充分发挥儿童学习的主体性。这种学习是发现问题、提出问题的学，也是解决和验证问题的学。问学之学是一种学生满怀"好奇"的学，好奇是科技创新和人类文明进步的源动力。爱因斯坦曾说："我没有特殊的才能，我只是激情般地好奇。"儿童问学课堂高度保护学生的好奇心和求知欲，让学生能够满怀好奇地学习。儿童问学课堂的学是学生兴致盎然、享受快乐的学。儿童问学课堂的学给予学生的是一种灵动的实践，一种快乐的体验，一种幸福的生活，一种温暖的生长。儿童问学课堂的学是学生总结方法、生长智慧的学。儿童问学课堂尤为关注解决问题的思维过程，以及分析、解决问题的思维方式，启发并引导学生在学习的历程中不断追问，不断反刍，厘清概念，明晰思路，体验过程，领悟方法。这样，学生在分析、解决问题的过程中，除了获得新的知识，还历练了能力，习得了方法，增长了智慧，砥砺了思想。

（三）问学相生

问就是学习的发生，它对学习具有强烈的引导性和求取力。儿童之"问"不只是一般意义上的提问，而是一种质疑问难，是一种思维品质。问也是学，是一种探索实践和求知的过程。学生在问题的驱动下，自主学习，主动探究，围绕学习语言文字的运用，主动地问，大胆地问，多方求教，以寻求解决问题的方法和策略，在自主、合作、探究、分享的过程中学会学习，快乐成长。

问可以让学习具有自塑的力量，引导学生提出问题才能更逼近学习的本质。学习的本质不是积累、掌握大量的知识，而是通过知识来发现问题、厘清问题、解决问题。在此过程中，学生完成了从知识到能力和思想的重塑。从问的角度来说，儿童问学就是引导学生以问促学、以问为学、以问优学、以问乐学、以问实学。从学的角度来说，学可以释问，学可以启问，学可以深问，学还可以让学生更好问，更善问。也就是说，一方面，问以成学；另一方面，学以好问。此二者相互促进，互为因果，交互发展。

儿童问学课堂中的"问"和"学"是彼此交融的有机整体，"问"激发"学"，"学"推进"问"，"问""学"互动，和谐共生，一起充实并描绘着学生的课堂学习生活，内蕴并彰显着一种独特的课堂文化气质和蓬勃的精神力量。

（四）以"任务"为载体

儿童问学课堂中的"任务"有鲜明的指向。儿童问学课堂变静听式的学习方式为主动参与式，让学生以学习任务为载体，在真实而有意义的学习情境中自主、快乐地"做事"，在"做事"的过程中逐步形成正确的价值观、必备的品格和关键能力。诸如素养、实践、生活、主题都包含在真实情境中的任务学习里，这样，对真实情境中任务学习的设计就成为教学设计的关键环节。可见，儿童问学课堂中的任务直接指向学生核心素养的提升。

儿童问学课堂中的任务离不开具体的语言实践活动。儿童问学课堂的活动同时具有学科性、游戏性、探索性、合作性、开放性等特点。儿童问学课堂中的活动是引导学生学语习文的实践活动。儿童问学课堂中的活动是富有情趣的，是让学生乐此不疲、快乐体验的一种活动。在游戏精神引领下，将语文学习的内容巧妙地转化为一种活动，把课堂变成学生自由游戏的场域，让学生在自由游戏的过程中快乐地学习，快乐地成长。儿童问学课堂的活动是一个探索未知的过程，是一种自我发现、主动质疑、大胆发问并不断尝试和发现的探索性活动。儿童问学课堂中的活动也是一种在核心问题驱动下的合作性活动，是一种生生互动、师生互动、组组互动的合作交流活动。儿童问学课堂中的活动还是一种向四面八方打开的开放性活动。这种活动是向着学生的现实生活打开的，是向着学生的学习生活打开的，还是向着学生的心灵世界打开的。项目化学习视域下的儿童问学课堂就是在多样的语言实践活动中完成各自的学习任务。

儿童问学课堂中的任务都具有挑战性。学习过程是对未知的探索过程，学习任务都有一定挑战性，它需要让学生经历一个持续的探究过程。为了完成任务，学生需要在丰富的学习实践活动中体验、探究、发现、表达、反思、发问、验证，从而提升自己的核心素养。因为任务往往与核心知识的建构有关，在学习过程中，任务能给学生一种挑战的冲动，有了这种冲动，学生才会持续地为完成任务而不断探究，并在探究过程中形成对核心知识的深入理解和语言、思维的层进建构。

二 儿童问学课堂项目化实施的依据

项目化学习以其理性文化的精神对我国基础教育改革产生了一定的影响，它改变了学生学习盲目或跟从的状态，它让学生围绕与学习内容相关的驱动型问题进行持续而深入的自主或合作探索，在此过程中调动自己的全身心创造性地解决新问题，形成公开的学习成果，深刻理解所学内容并能进行有效的迁移、应用。将项目化学习的理念引入儿童问学课堂，是因为两者有共同的指向。

（一）都指向立德树人的根本任务

2014年，教育部在《关于全面深化课程改革落实立德树人根本任务的意见》中指出，"立德树人"的关键在"自主发展、合作参与、创新实践"。儿童问学课堂以"问"为特征，充分鼓励学生独立思考、自主探究、大胆创新，充分激发学生问的意识和进取精神，并让学生在"问"和"学"的过程中形成良好的学习习惯和美好的情感。项目化学习则通过创设真实情境，以驱动型问题为纲领，帮助学生采用自主、合作、探究的学习方式，围绕驱动型问题来规划、调节学习活动，引导学生体验用学科知识解决问题、探究意义的过程，让学生在学习过程中历练解决问题的能力，形成理性精神。这两种学习方式都体现出自主发展的要求，这两种学习方式都强调合作参与和创新实践的方法，这两种学习方式都指向培养学生适应未来社会发展所需的能力。

（二）都指向育人方式的变革

儿童问学课堂以学生之问规划课堂，用实实在在的问题、用学生真切的发展需要来回答"教什么"和"怎么教"的问题，切实改变教师的育人方式和行走姿态，充分尊重教育的规律和学生身心发展的规律，为每一个学生的自主发展创造条件。项目化学习则用包裹核心知识的驱动型问题来调动学生的学习激情，改变传统课堂用直达核心知识的问题展开教学的现状，引导学生沿着驱动型问题进行思维的旅行，研究制定解决问题的方案，积极投入学习实践活动并形成学习成果。学生在这两种学习过程中都能高效地将知识转化为能力，升华为智慧，沉淀为素养。

（三）都指向学习方式的变革

学生核心素养的发展离不开自主学习和深入思考，儿童问学课堂通过学生之问来激发他们问的潜能和学习兴趣，生成问的方法和智慧，提升问的品质，从而引导学生实现自我成长。项目化学习是学生全身心投入的学习，通过寻找多种资源来主动解决问题，既要动脑，也要动手，在学习活动中还能保持社会性的互动与评价，所有的学习体验都能真实地触动学习者的内心。在这样的学习过程中，学生们倾注智慧、尊重规律，并形成理性文化的精神。此两者都指向学生学习方式的变革，都是帮助学生主动地学，自发地学，交互地学，全身心投入地学。

三 儿童问学课堂项目化实施的机理特征

将项目化学习的理念引入儿童问学课堂，可以有效地促进学生主动、深入地学习，并在学习的过程中增长学习智慧，提升核心素养。

（一）关注儿童，让儿童的主体地位更牢固

儿童问学课堂与项目化学习都既是一种教学模式，也是一种学习模式。它们都被纳入儿童的视角即儿童关心的问题，都符合"儿童本位"的教学思想。

1.儿童第一。儿童问学课堂给了学生充分的"问"和"学"的权利，在儿童问学课堂中，学生拥有了最大限度的"问"和"学"的自由。在儿童问学课堂中，学生可以自由思考，在"问"中尽情地"学"，在"学"

中大胆地"问"，以"问"导"学"，以"学"生"问"，以"问"启"学"，它是学生第一的课堂。项目化学习也以学生为中心，强调"做中学"的学习理念。在项目化学习过程中，学生根据个人兴趣、专长提出问题，选择相应的项目进行学习。学生在学习过程中既是问题的发现者，又是项目的开发者、组织者和实施者。学生通过思考、发现问题，搜集、分析材料来解决问题，最后生成相应的成果。所以，项目化学习视域下的儿童问学课堂，要保证在学习活动的每一个环节，始终以学生为主体，以学生为中心。

2. 全息参与。知识是根植于一定的情境之中的。儿童问学课堂设计的学习活动需要调动学生全身心地投入到真实情境中进行学习。这种全面参与意味着，学生不仅需要智力的激活与思维的投入，同时也需要情感和身体的投入。一个好的项目化学习也应该能调动学生的全息生命样态，学生不但身体处于学习活动之中，同时对所学内容充满了好奇和渴望，为了解决问题，可能还要做调查、分析、判断、决策和展示。因此，项目化学习视域下的儿童问学课堂，要能通过学习活动激活学生的整个生命，让学生在每一个学习阶段中都能看到学习任务的完整状态，让每一个学生都能全身心地投入到学习和发现之中。

（二）聚焦问题，让核心问题更具驱动性

儿童问学课堂以学生最关心的问题为教学起点，学生带着问题进课堂，教师通过问学任务单或问学展示板，从学生普遍关心的问题中选出核心问题并将其转化成驱动型问题，然后围绕驱动型问题来设计教学活动，在教学活动中引入与教学内容相关的关键概念或核心知识。项目化学习围绕驱动型问题展开学习，在项目化学习情境中，驱动型问题就是能够吸引并推动学生自主学习的问题，驱动型问题在教学活动过程中又可以分解为许多相关的子问题，并由问题链转化为任务链。从某种程度上说，驱动型问题有效链接了核心知识与人的学习活动。将儿童问学课堂中的核心问题有效转化为驱动型问题，就能引导学生更主动地投入学习，并在持续的学习实践中产生新的问题，同时在不断解决问题的过程中提升核心素养。为了让问题更具驱动性，我们所选的核心问题具备以下特点。

1. 真实。儿童问学课堂中的核心问题必须是真实的问题。儿童问学课堂中的核心问题都来自学生，有"是什么"的问题，也有"为什么"的问题，有"怎么样"的问题，也有"怎么用"的问题，既体现了学生对事实性知识的需求，也包含学生对不确定性知识的需求。项目化学习中的驱动型问题有时是生活中的问题，有时是虚拟情境中的问题，还有指向理解核心概念的关键问题，同样也都是真实的问题。项目化学习视域下的儿童问学课堂建设的一个重要目的就是在解决一系列真实问题的过程中实现自我的生命成长。

2. 有趣。儿童问学课堂让学生自己提出问题并解决问题，这本身就能调动学生的学习兴趣。儿童问学课堂尤为关注学生"问"的兴趣，激发学生"问"的意识，使学生对"问"始终保持着一种浓厚的兴趣。在项目化学习中，驱动型问题也是富有情趣的，它是教师根据学习内容巧妙地转化成的有推动力的问题，教学过程就是把对驱动型问题的探究过程设计成学生喜爱的活动场景，让学生在趣味活动的过程中快乐学习，快乐成长。

3. 挑战。学习过程是对未知的探索过程。在儿童问学课堂中，学习是一种质疑、发问、探索、交流、解决问题，再产生新问题的持续探索性活动。教师在梳理学生提问时，会根据学生共同关注的核心问题来设计、组织学习活动，这些问题往往富有探究价值并具有一定挑战性。用有挑战性的驱动型问题来扣动学生的心弦，使之在解决问题的过程中发展思维，提升素养。高质量的驱动型问题必须具备挑战性，这种挑战性体现在它能让学生经历一个持续的探究过程。因为问题包裹着核心知识，所以在学习过程中，它给学生一种思维的压迫感，正是有了这种压迫感，学生才会更自觉地投入到真实的学习过程中，并在探究过程中形成对核心知识的深入理解。

4. 开放。儿童问学课堂中的问题具有很强的开放性。这种开放性，首先与学生的现实生活和阅历有关，是向着学生的生活打开的。其次，这种开放性也指向学生真实的学习情境，是学生在实践活动中的自由学习，是向着学生的学习打开的。同时，这些问题还顺应着学生的天性，是向着学生的心灵打开的。在儿童问学课堂中，学生常常为解决问题而争辩、推敲、查资料、定方案、质疑、分析、寻找新方法，并在此过程中不断激发自我思考的动力，在开放性问题的解决过程中开启心智。

（三）聚焦思维，让学生的素养提升更具可见性

杜威说"学习就是学会思维"。学校教学的重要意义在于培养学生独立思考的能力，并不断让学生的思维能力得到提升。

1. 用高阶学习带动低阶学习。儿童问学课堂中的"问"和"学"充满着思维挑战。因为学生提出一个有探究价值的问题需要展开深入的思考，并且解决一个问题也会伴随着积极的思考。在儿童问学课堂中，"问"和"学"始终是在求解、决策、协作、批判、创新等高阶思维的作用下进行的。思维程度越深，"问"和"学"就会越深刻。项目化学习习惯使用驱动型问题并创设高阶思维的情境，向学生提出带有问题解决、系统推理分析甚至创造等高阶认知策略的学习任务，来提升学生学习的内在动力。项目化学习视域下的儿童问学课堂，会营造更富有思维张力的学习方式，让学生经历更明显的思维提升。

2. 用持续建构代替零散积累。儿童问学课堂中，教师引导学生通过新、旧知识经验的交互作用实现知识的同化、顺应与更新，其间不仅要求学生对新知识做出理解、判断和评价，还要求学生对已有知识进行分析、解构

和改造，从而在持续的自主建构中完成自我提升。项目化学习视域下的儿童问学课堂，能让学生经历认知合作中的冲突、观点的碰撞，提升学生解决问题的能力、探索与设计的能力，并使学生在学习的过程中主动探索，持续实践，在不断解决问题和自主建构的过程中全面提升综合素养。

（四）整体设计，让学生的生命成长更具持续性

儿童问学课堂从"根据学生提问梳理、整合需要解决的核心问题"到"设计学习活动探究问题、解决问题"，再到"拓展与延伸问题，使问题解决成为新的学习起点"，这个过程既强调学习内容的整合，如学科单元内容的整合、单篇知识点的整合，也重视学生个体新、旧知识的联结。项目化学习从"生成驱动型问题"到"活动探究生成转化问题"，再到"围绕问题撰写制作成果"，以及"成果交流"，其首要的任务就是围绕主题梳理核心知识，提炼大概念，通过概念分化和勾连形成完整的知识图谱和学习链条。项目化学习视域下的儿童问学课堂，可以打破原有的单元编排，甚至学科界限，更利于教师通过真实情境的创设，以由核心问题转化成的驱动型问题为统领，整体设计教学，引导学生围绕主题展开各类学习实践活动。

在丰富的学习实践活动中，学生感受到前进、顿挫以及突破等心理变化，获得切实的成长感，并意识到学习就是自我突破的过程，意识到这是我的学习，是我需要的学习，从而更加主动积极地投入到学习过程中。在这样的学习过程中，学生不仅实现知识的建构与技能的习得，更获得情感信念的培塑。项目化学习视域下的儿童问学课堂，赋予了学习以生活意义和生命价值。学生在自主建构中发展，学习充满了生命活力，且更具持续性。

（五）全程评价，让学生的自主建构更具方向性

儿童问学课堂的评价贯穿于学习的整个过程，如对"课前问"的评价，

课中对"问题的追问"以及对"知识与技能的掌握""问题解决""交流合作"等多种复杂能力的发展状况的评价,既关注学生的学习过程,又关注学习的结果,尤其关注学生在学习过程中的真实表现。项目化学习采用全程性评价,对项目化学习过程按事先确定的评价标准和学习过程中动态调整的评价标准进行评价。将项目化学习的评价方式引入儿童问学课堂就是要将评价贯穿于对核心问题和子问题解决的每一个过程,方便学生在对核心问题探究的每一个阶段及时调整学习的进度和策略,使学习活动与最初的学习目标、核心知识、驱动型问题保持一致,保证学习者高质量达成学习目标。

儿童问学课堂关注学生,发展学生,成就学生。将项目化学习的理念引入儿童问学课堂中,还学生更充分的"问"和"学"的权利,为进一步优化学生的学习行为、提高学习效能、促进素养提升和生命成长提供保证。

儿童问学课堂的角色特征

课堂教学过程由教师的"教"和学生的"学"两部分组成,两者缺一不可。教师与学生都是活生生的具有情感和意志的生命体,这就使得教与学形成了一个动态的复杂的系统共同体,这个共同体中的师生有各自的角色特征。在儿童问学课堂的实施过程中,我们看到的学生和教师就是这样的。

一 儿童问学课堂中学生的角色特征

(一)儿童的样子

1. 自由。儿童问学课堂中的儿童是自由的。他们有自己的思维方式,有自己的生活逻辑,有自己的生活感悟,有自己的表达方法。在儿童问学课堂中,因为有教师对儿童的唤醒、呵护、鼓励和扶持,他们的学习才更加自由。苏霍姆林斯基说:"要像对待荷叶上的露珠一样,小心翼翼地保护学生幼小的心灵。晶莹透亮的露珠是美丽可爱的,却又是十分脆弱的,一不小心露珠滚落,就会破碎,不复存在。"在儿童问学课堂中,学生的每一次发问都能得到应有的尊重,他们的每一次探索都能得到教师的鼓励,他们的每一次展示都能得到应有的关注。在儿童问学课堂中,学生可以自由发问,可以自由选择,可以自由表达,可以自由建构,可以自由发展。

2. 真实。儿童问学课堂中的儿童是真实的。儿童具有社会性上的未完成性,伴随这种未完成性的是儿童的纯真,这种生命状态无须掩饰,他们以未沾染世俗污浊的眼睛看待世界,看待知识,看待问题,践行着独有的儿童哲学。儿童问学课堂中,学生有一说一,不掩饰自己的好恶,不隐藏自己的疑惑。在儿童问学课堂中，学生提出的问题是真实的，他们对探究问题的态度是真实的，他们对于教师对待自己提出的问题的重视程度表现出的明显的快乐与失落也是真实的。在儿童问学课堂中，学生表现出的是完全真实的自我。

3. 活泼。儿童问学课堂中儿童是活泼的。杜威说，儿童的生活是一个整体，一个总体。他会很敏捷地和欣然地从一个主题到另一个主题，正如他从一个场所到另一个场所一样。在儿童问学课堂中，学生的思维是活泼的，他们可以随时将生活与学习建立联系，他们随时从一个问题走向另一个问题，他们随时产生无数让你惊讶而又眼前一亮的想法。他们不喜欢固定不变的学习方式，他们以活泼泼的状态投入到学习中，他们以自己独到的见解洞开知识的大门，他们更喜欢自然、真实、灵动、有味的学习。

（二）主人的样子

1. 自主悟学。在儿童问学课堂中，学习起始于学生的主动思考，起始于学生思考后的主动发问。在儿童问学课堂中，思考一直伴随着学生的学习进程，他们常常通过自我干预来调整思路和看问题的视角。他们可以站在全局看局部，可以透过现象看本质，也可以站在如今看未来。他们能剖析知识的内部结构，也能找出事物本身各部分间的联系，他们还能通过思考与对话把握知识的内核，甚至全面认知学习内容的本质、规律，并形成理性认知。

2. 自主实践。儿童问学课堂的实施以学生主体的实践活动为主线，以学生个体积极和主动的实践为前提，让学生在参与中亲历，在体验中提升，在交流中获得，把实践的情境转化为活动，并使主体在主动实践的过程中习得知识、技能与方法。在儿童问学课堂中，学生的实践是主动的，是持续的。他们在实践中反思，在反思中实践，在主动的实践和反思中不断靠近知识和技能的内核。

3. 自主建构。在儿童问学课堂中，学生以自己提出的问题为引领，自主建构知识。他们在感受内容、提出问题、探究问题、解决问题的过程中，成为积极主动的学习者，成为信息加工的主体和知识意义的建构者，并在此过程中获得个人的素养提升。他们在问源中建构、在问流中建构、在问法中建构，他们在自主探学时建构、在分享互学时建构、在优化练学时建构、在总结理学中建构、在多元评学中建构。儿童问学课堂以建构为落脚点，他们在主动对话和积极实践的过程中完成语言、思维和方法的建构。

（三）沉浸的样子

1. 专注。在儿童问学课堂中，学生不仅与学习内容互动与对话，还与同伴、教师，甚至周边环境、现实生活实现交往和对话。每一次对话都投入，每一次对话都保持高度的专注。在儿童问学课堂中，问题提出、探究发现与意义建构都是学生在高度专注的状态下进行的。学生的高度投入，保证了他们能不断地发现新问题和解决新问题，这种专注和投入让他们能够更加独立地思考，更加深层地质疑，更加精诚地合作，更加冷静地决策，更加自信地展示，从而成为专注的学习者。

2. 满足。每个学生的初始水平有差异，对问题、知识的反应时间有差异，理解方式同样也存在差异，这就使得每个学生对知识掌握的程度和消化的时间，以及运用的能力存在差异。但在儿童问学课堂中，学生都会自己提出问题，每个学习阶段又会产生新问题，在一个个问题解决的过程中，在一个个实现学习目标的过程中，他们的内心会产生一种幸福的满足感。尽管提问的层次不尽相同，提升的程度也不尽相同，但他们学习的满足感都是一样的。

3. 快乐。在儿童问学课堂中，学生的学习起始于自己的思考和发问，这就使得学习过程充满了趣味。趣味是一种能够使认识和学习变得快乐的东西。在儿童问学课堂中,学生觉得学习是一件快乐、有趣的事情,会依据自身爱好的程度和关注的角度选择合适的学习方法,通过不同的路径解决自己的问题。他们学习的兴趣点或许不同,却有着共同的心理需求驱动,即对未知世界的好奇和求知的渴望。正是这种需求,才让他们的学习过程充满了快乐。

(四)自信的样子

1.开放。在儿童问学课堂中,学生的思维是开放的,他们通过观察、分析、对比、猜想、归纳、判断、推理等一系列探究活动,多方面、多角度、多层次地探索知识的源、流、法,使之可理解或更加让人确定。他们对于同一问题有不同的观点,他们解决问题的方法也体现出多样化的思考,但不管朝什么方向,也不管得出了什么结果,他们都比之前拥有了更多的思路和更为开放的视野,他们通过学习活动看到了更为广阔和精彩的世界。

2.笃定。在儿童问学课堂中,因为学习有目标,有主题,有自己迫切想解决的问题,学生们越来越笃定。这种笃定来自他们自己的不断探索,是有根的笃定;这种笃定来自他们自己的实证发现,是自信的笃定;这种笃定是自我进步后的满足和不懈怠,是持久的笃定。

(五)攀岩的样子

1.挑战。学问处于悬浮的状态。起先,它是外在于学生的,外在于学生的生活的,也是外在于学生的心理的。在儿童问学课堂中,学生总能面对挑战,这种挑战有时是自己给的,有时是同伴给的,有时是教师给的,但他们都愿意接受,并在挑战中不断提升自我。在他们眼里,学习就是一种挑战,一次对话是一次挑战,解决一个有价值的问题也是一次挑战。在不断的挑战过程中,学问开始内化于学生的内心、行为,甚至是生活的每一个细节。

2. 提升。在儿童问学课堂中，学生的思维不是一种滑行，而是一种攀岩和提升。学生思维的触须不断向前、向上延展。他们用与生俱来的学习的欲望、基因和天性与知识对话，与生活对话，并在这个过程中提升自己的素养。他们不但关注自己已经掌握了什么，获得了哪些进步，具备了什么能力，在哪些方面具有潜能，还明确了自己努力的方向，以便更好地前进。

二、儿童问学课堂中的教师的角色特征

（一）引导者

儿童问学课堂，主要是用学生的问题来引导、激活和推动学习。学习过程以教师引导学生从自己和同伴提出的问题中梳理出的核心问题为起点，继而在核心问题的驱动下逐步探究，在探究中解惑，在解惑中生智。教师在引导学生养成敢问、好问习惯的同时，还必须全力引导学生在知识建构和问题解决中实现从"要我学"到"我要学"的态度转变，从"不会学"到"学得轻松""学得快乐"的转变，从"学得浅"到"学得真""学得深"的转变。

（二）促进者

在儿童问学课堂中，学生是主动建构知识的学习主体，学生不仅要主动学习静态的、客观的知识，还要学习那些通过感受、理解、体悟和评判才能获得的动态知识。这种主动性依赖于教师的鼓励和促进，依赖于教师的智慧、行为示范和引领。教师通过有效指导和言行鼓励，促进学生完成对知识的发现、质疑、理解、吸收、消化、内化和转化。为实现这些目标，教师总能想方设法地去激发学生主动学习的兴趣，培养学生勤于探索的习惯，促进学生成为积极的建构者和主动的学习者、实践者。

（三）发现者

在儿童问学课堂中，教师还是一个发现者。他们能发现每一个学生在精神、气质、兴趣、爱好、个性、潜能等方面的独特性，他们能发现每一个学生的每一个问题提出的角度，每一个问题解决的方法，他们还能发现学生的提问中所隐藏的思维方式，从而带领学生主动进入知识发现和问题解决的现场，踊跃经历知识形成和发展的全过程。

（四）守护者

儿童问学课堂中的教师因为总是站在学生的立场，所以他们尊重学生，尊重学生的每一次提问；解放学生，解放学生的头脑、眼睛、双手和嘴巴；呵护学生，呵护学生"问"的天性，让学生在课堂上像个儿童，能够自由自在地想，无拘无束地问，快快乐乐地学，进而还学生以本真状态。他们是学生天性的守护者，是学生学习兴趣的呵护者，也是学生学习动能的维持者。

（五）示范者

在儿童问学课堂中，为引导学生养成敢问、好问的习惯和形成善问、会问的能力，教师常常为他们做示范，主动从多角度进行提问。教师认真倾听学生的提问，为学生倾听同伴的提问和发言做示范。有时他们还会主动分享自己解决问题的思路，为学生示范思考和解决问题的路径和策略……正是这些示范，让学生逐渐成为思考者、善问者和问题解决者。

三 教学共同体

认识学生是现代教育的起点，只有认识了学生，理解了学生，儿童问学课堂的实施才有意义。当教师有了学生意识，理解学生、热爱学生，课堂中才不会出现学生与成人的二元对立。当教师有了学生情怀，尊重学生，才能积极主动地发现学生的力量，才能建立一个高效率的教学共同体。

（一）儿童问学课堂中的教学共同体

课堂是一个共同体，一个让教师、学生和知识坦诚相对的共同体。教师可以当学生，学生也可以当教师。在这个教学共同体中，教师和学生共同专注于一个需要解决的核心问题，师生可以就一个问题发表各自的见解。这样的课堂是以教师为中心和以学生为中心的教育的融合和升华。在儿童问学课堂的实施过程中，教师的教与学生的学构成了一个动态的复杂的共同体。从学生的角度来说，学生既是教的互动者，也是学的中心；既可以是讲的主动者，也可以是听的接受者；既是问的发动者，也是答的实践者。但学生毕竟是学生，每一个学生都能发现、提出一些富有思维含量的真问题是很不容易的，这就需要教师教给学生一些发现问题、提出问题的策略和方法，让学生在学习质疑问难中不断增强问题意识，提升质疑问难的质量和水平。从教师的角度来说，教师不仅是指导者，也是学习者。教师把对话的元素聚集起来，找出核心问题，并将其转化成驱动型问题，以便筑起一座通向下一主题的桥。儿童问学课堂的学习不是线性的，而是往四面八方打开的，有时师生会同时围绕一个核心问题兜圈子，有时师生会突然领悟——教师对教学方法有了顿悟，学生对学习主题有了新的见解，虽然程度不同，角度不同，但师生的思维都呈现出一种飞跃的态势。这就是儿童问学课堂中的教学共同体，也是一种成长共同体。

（二）儿童问学课堂中教学共同体的运行

儿童问学课堂尊重学生最迫切的求知需要，在探索的过程中，不断拓展学生个体的能力，不断让学生与新的认知相遇。儿童问学课堂也尊重教师的专业成长需要。教师充分激活学生，成就学生，在这一过程中，实现自己与教育理想的联结，从而变成更加深邃和更有成就感的教师。

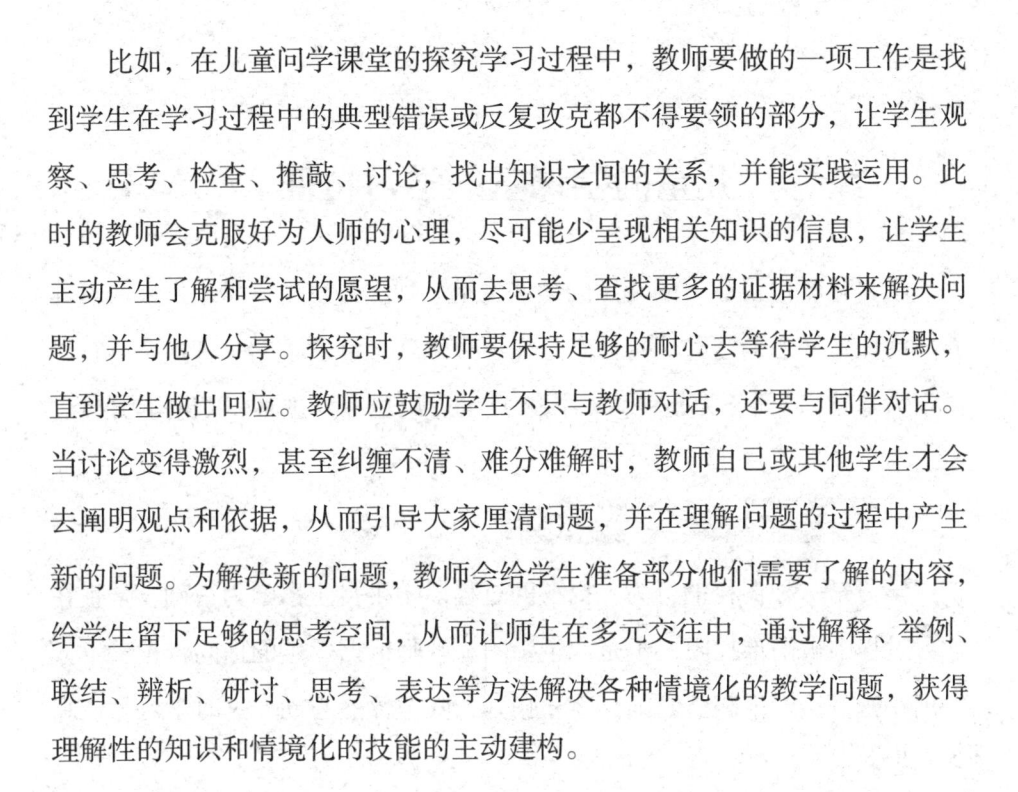

比如，在儿童问学课堂的探究学习过程中，教师要做的一项工作是找到学生在学习过程中的典型错误或反复攻克都不得要领的部分，让学生观察、思考、检查、推敲、讨论，找出知识之间的关系，并能实践运用。此时的教师会克服好为人师的心理，尽可能少呈现相关知识的信息，让学生主动产生了解和尝试的愿望，从而去思考、查找更多的证据材料来解决问题，并与他人分享。探究时，教师要保持足够的耐心去等待学生的沉默，直到学生做出回应。教师应鼓励学生不只与教师对话，还要与同伴对话。当讨论变得激烈，甚至纠缠不清、难分难解时，教师自己或其他学生才会去阐明观点和依据，从而引导大家厘清问题，并在理解问题的过程中产生新的问题。为解决新的问题，教师会给学生准备部分他们需要了解的内容，给学生留下足够的思考空间，从而让师生在多元交往中，通过解释、举例、联结、辨析、研讨、思考、表达等方法解决各种情境化的教学问题，获得理解性的知识和情境化的技能的主动建构。

（三）教学共同体运行过程中给教师的建议

儿童问学课堂在实施过程中，教师应把学生的眼睛从"只看老师"引向"与老师、同学的互相关注"，这样学生才会有更多的收获。在儿童问学课堂实施过程中，教师要安静地、以接纳的心态面对学生的问题，允许学生以自己的水准和速度自行得出结论。

在儿童问学课堂实施过程中，教师应根据特定的教学情境和相应的教学内容，及时有效地进行教学策略的选择、教学技术的运用和教学过程的互动。教师要密切关注并灵活掌握话题的延伸与转移、话柄的移交与获取、话权的掌控与授予等。

儿童问学课堂在实施过程中，教师还要充分抑制自己的权威冲动，注意倾听学生说的每一句话，重视师生、生生的每一次对话。

儿童问学课堂的学习特征

项目化学习视域下的儿童问学课堂是一种学习发生、思维发展和素养养成的课堂样态，这种课堂样态是在项目化理念渗透下的一种样态。它以悟学为基础，以任务为驱动，以对话为常态，以思维为主轴，以建构为落点。

一 自觉发问，以悟学为基础

学习是一种揭秘的行为，揭秘的过程以学生自主悟学为基础。学生在学习过程中被困难拦阻，于是产生疑问。教师依据学生的提问带领学生去发现秘密，让学生豁然开朗、茅塞顿开，甚至怦然心动，这时学习才能真正发生。

（一）在自主悟学的基础上就文本形式发问

自主悟学，就是在教学过程中唤醒和诱导学生成为主动的参与者和探究者，使学生用探索者的姿态去发现问题、研究问题，在自主学习、自我探究的过程中获取知识，形成能力。根据年段的不同特点，教师可以通过设计不同的问学任务单来引导学生自主悟学和提问，也可以让学生在课堂中自主悟学，直接运用问学展示板进行提问。学生在自主悟学的过程中，对文本的形式进行观察、比较、猜测、验证，并初步通过动手、动脑来寻求解决问题的方法和策略。当然，问题也可以由教师提出，但儿童问学课堂中的问题主要由学生提出。学习过程中，教师要给足时间，让学生在自主悟学的过程中提出问题并展开学习。

比如统编教材五上第八单元《古人谈读书》第二则，即朱熹谈读书的文字，教师就可以抓住文本无题的特点，通过让学生给这段话拟题来达到整体感知课文的目的。学生读了课文会在心里自问：选文讲了什么内容？如果我来加题目，会怎样加？教师用这样的方法引导学生从关注文本形式到主动走进文本，然后沉浸在文本中寻找开锁的密码。在这样的自主悟学过程中，学生会从关注文本形式开始，进一步了解课文的内容、作者的信息，并初步理解文章的观点。

（二）在自主悟学的基础上就文本内容发问

教师还可以引导学生直接走进文本，进行自主悟学，如在整体感知课文的基础上，在读熟课文的基础上，在自主思考的基础上，针对文本内容中的疑惑处进行发问。一是对不理解的词句、不理解的思想内容质疑；二是以提出问题的形式初步制定个性化的学习目标，可以围绕课题、中心或行文思路等展开，以疑促思，以疑导学，以疑生悟。

在儿童问学课堂实施过程中，如果没有问题产生，真学习就不会发生。课中，教师也要给学生充分的自主悟学的时间，引导学生去对文本发问，问在疑难处、问在留白处、问在联系处、问在矛盾处。这种自主悟学，就是让学生在课堂上真实地问，真实地学。尤其是课中学生现场生成的问题，体现了他们对未知的探索欲望，也是学生自主悟学的显性成果。学习过程中，教师要鼓励学生这种向内的自学自悟和向外的发问。

（三）在自主悟学的基础上就表达方法发问

教师还应引导学生围绕语言表达进行自主悟学。如对字词表达效果进行提问，但这是停留在浅层思维层面；学生还可以深入文章的肌理，针对写作技法的运用进行提问，如"为什么要这么写？""这句话中的什么地方最让我觉得有新鲜感？""还有更合适的写法吗？""如何用素材凸显人物的性格特点？"等，这些是前往思维深处的自主悟学。还有对作者的人格、情操、境界或文章的哲思方面的自主悟学，用比对、评鉴、审定等方法，它们属于逆向思维、审辨思维层面的自主悟学。

二　合作共进，以任务为驱动

有效的学习任务，能够驱动学生更主动、更积极地学，除了自主地学，还在合作中学。课堂中，教师主要根据学生提出的核心问题来设计学习任务。第一个任务，即让学生提出问题，这是教师设计的。而后面的学习任务，都是由学生自己来设计，教师根据学生的提问制定后续的学习任务，并引导学生在合作探究过程中完成任务。

（一）师生合作，梳理问题

教师既要引导学生发现问题、提出问题，还要与学生一道梳理问题，使问题能聚焦和定向。梳理问题是为了筛选出更有张力的问题或师生都认为需要进一步探求的问题。这个梳理的过程必须由师生共同完成。梳理时，教师可以展示学生在问学任务单中提出的问题，也可以通过调整问学展示板中的问题，分门别类地呈现，还可以引导学生根据自己的理解或兴趣排列出问题解决的顺序。在具体的学习过程中，教师可以通过指导学生对初拟问题进行解答或质疑，进而引导学生提出更新、更有价值的问题，并在点评小结的过程中，梳理、整合需要进一步解决的有价值的问题。

（二）同伴合作，解决问题

儿童问学课堂总是以任务来推动学习的进程，这些任务都是以学生的问题为起点的学习任务。学生可借助注释、工具书，联系旧知，联系实际解决问题。或者同桌、小组合作，通过同伴互帮互助，互相补充，共同探究，有效地解决问题。

三 自主实践，以建构为落点

学生之问，教师要尊重它，利用它，转化它。当学生之问变成驱动型问题，就可以更好地促进学生的自我建构。这种建构过程常常以对话为常态，以思维为主轴。

（一）语言建构：以对话为常态

儿童问学课堂中的语言建构就是要让学生走向语言实践，走向探究，实现与认知的对话。这种对话既包括与人的对话、与文本的对话，还包括与方法的对话。这种对话是自由的，是发自内心的，还应该是自信的。

1. 课前对话。在自主悟学过程中的提问是学生与文本的对话，教师要为学生创设适合自我对话的条件、氛围和环境，让学生走出来与知识、与方法、与人对话，实现语言的建构。课前我们可以借助教材内容之间的内在逻辑、不同单元的共性主题、语文和生活的关系等创设话题，让学生进行课前谈话，有意识地帮助学生发现内容之间的关联，发现本次学习内容的亮点，发现内容中让人疑惑的地方，并共同探寻解决问题的方法，推动学生在对话交流的过程中实现对文本的初步感知和自我生长点的精准定位。

2. 课中对话。课中，教师要引导学生对未知进行主动探究，这种探究主要在对话中进行。这种对话，既有师生对话，也包含学生与文本的对话、与作者的对话，但它们都是以学生为中心的对话。课中，教师应将核心问题转化成驱动型问题，并根据驱动型问题设计有挑战性的学习任务，创设多样情境，引导学生展开对话。鼓励学生尝试迁移和模仿，在与生活的勾连中，建构语言，习得表达智慧，还可以在语言建构的基础上进行创生性表达。

3. 自如运用。教师要把握学习内容的特点，借助多种方式深化语言建构的效果，并创设从建构到实践运用的有效平台。在对话的过程中，学生的每一个问题都应得到尊重，每一个学生都应拥有对话的机会。儿童问学课堂中的语言运用，是要让学生建立起新旧知识的联系，让学生在对话中解码语言的密码，在真实的情境中对话，并在新的情境中进行知识的迁移、拓展和运用。

（二）思维建构：以思维为主轴

学生从不会提问到能提出有思维含量的问题，这是一种思维的发展。为了让学生能真正触及自己思维中的迷茫点，在儿童问学课堂中，教师会给学生自由的思考时间，安全的提问空间。什么问题都可以提，但会在小组中进行筛选，在筛选的过程中，学生还在不断地思考，通过比较、辨析，厘清问题，促进思维的生长。

1.在问题转化中发展思维。对于学生最关注的问题，我们可以直接将其作为学习任务，但更好的方法是将问题进行转化，转化是为了让问题更具驱动性，让学生更有探究兴趣，在不知不觉中解决问题，有效实现核心问题与教师课前预设的无缝对接。

2.在理顺思路中发展思维。课堂的每一次深度对话，也是学生思维的一次爬坡，借助由核心问题转化成的驱动型问题，学生不断地调整和确立解决问题的思路，学生的思维在对话和交流中不断地被激荡，学习进程也变得自然而充满张力，并在不断解决问题的过程中实现思维的发展和提升。

3.在语言变式中发展思维。真正有意义的学习活动更多的是大脑的活动，是思维的活动。课中，教师借助文本，通过改变语言形式，引导学生对话。并且随着对话的不断深入，为学生创造新的对话情境，引导学生进行更深入的对话。这样，学生的思维才能避免只在一个水平面上滑行，而能体现出一种攀岩和交替上升的态势，其辩证思维和创造性思维也能得到锻炼。

4.在资源拓展中发展思维。儿童问学课堂中的学习，既能回避低阶的认知，还能够向高阶思维进发。在学习过程中，教师通过补充拓展资料来帮助学生深入思考，加深学生对文本内容和观点的认识。儿童问学课堂的学习发生于问题，行经于过程，结束于结论。因资源的丰富性和生长性，学生不仅能够通过多条路径到达结论，在结论出现的那一刻，学生内心还会生发出更高思维层次的问题，这就是儿童问学课堂的妙处。

当然，无论是语言的建构，还是思维的发展，它们都是相辅相成的。语言是思维的外壳，思维是语言的内核。在儿童问学课堂中，学生的语言和思维相融，教师和学生的思维相融，学生在自己提出的问题的引导下，在教师的循循善诱下，不断地抵达思维的新高度和生命的新境界。

第三章
项目化学习视域下儿童问学课堂的路径与策略

儿童问学课堂的实施路径

根据建构主义理论，知识在具体的实践活动中产生和发展，并在具体的情境中应用于问题解决。儿童问学课堂项目化实施是基于学生背景的情境化学习，是一种整体化的实践。儿童问学课堂项目化实施是以学生提出的核心问题为驱动的学习，是学生自主持续建构的学习，是指向学生思维发展和语文素养提升的学习。这种学习，是一种长效的教与学的体系，有自己的基本路径。我们基于学理和探究，总结出一些行之有效的方法和路径，以推动儿童问学课堂的创新实践。

一 聚焦学习目标，确立项目依据

以素养为本位的语文学习是对语言能力、思维品质、审美情趣以及文化观念的综合学习，单元教学应围绕一定的核心目标，以学生的问题为基点，整体培养学生的语文能力，促进学生语文素养的持续提升。

（一）以单元目标为起点

项目化学习视域下的儿童问学课堂首先要有单元目标意识，要充分关注单元语文要素。如统编四下第八单元的教学设计，其语文要素为"感受童话的奇妙，体会人物的真善美的形象"，其人文主题是"奇妙的童话，点燃缤纷的焰火，照亮我们五彩的梦"。由此不难发现，"童话的奇妙"应是本单元学习的一个重要概念，有时也可称为大概念。大概念是与学习主题或项目相关的术语或概念。确定大概念的最大好处在于聚焦学习和研究的范围，某一阶段或某一节课的研究和学习不会无节制地扩散。在本单元教学前，教师从人文主题和语文要素中提取出大概念，并将大概念转化成学习项目来引领学生进行单元学习，就能目标明确地引导学生在感受童话的情节、人物和语言的过程中体会童话的奇妙，提升欣赏童话的水平和创编童话的能力。因此，项目的产生，首先要关注单元的整体目标、人文主题和语文要素的核心知识点，或单元具有鲜明特色和教学价值的内容。

（二）以学生问题为基点

儿童问学课堂全程关注学生提出的问题，这些问题可以被转化应用，可以被研究讨论，还可以衍生出更多的问题并不断被探究。学生普遍关心的问题叫核心问题。核心问题往往包含着大概念。大概念除了从单元要素和人文主题中提炼，还可以来自学生对学习内容提出的问题，如事实性问题（关于"是什么""有什么"的问题）、理解性问题（关于"为什么"的问题）、应用性问题（关于"有什么用""用来干什么"的问题）、分析性问题（关于"知识之间是什么关系""整体或局部反映了什么"的问题）、评价性问题（关于"认为怎么样""有什么感受"的问题）、创造性问题（关于"如果怎样，又会怎样"的问题）。教师要从这些问题当中梳理出核心问题，核心问题与单元主题相关，它具有学科性，有时还具有跨学科性。其重要特点是可以不断被讨论和探究，可以不断被转化和应用。而且，随着学习活动的推进，核心问题会反复出现，且会被重新讨论。

如在学习统编教材四下第八单元童话前，只有让学生自主悟学，自行发问，自主探究并发现，学习才能真正打开，"童话的奇妙"也能真正走向学生。在阅读时应该让学生成为积极的思考者，让学生通过提问来聚焦并指引自己的思考。当"童话的奇妙"这样的字眼不断地冲击学生的视觉时，它会唤起学生内心深处的某种激动与思考，从而完成发自内心的真实提问：童话奇妙在哪里？为何奇妙？它在课文中是如何体现的？懂得这种"奇妙"对我有什么帮助？我将和谁分享我的发现？教师借助学生这一系列层次鲜明的问题，创造高阶思维的情境，激发学生的学习内驱力，就能打破仅从学科知识点入手的学习方式。项目化学习视域下的儿童问学课堂是从问题（或主题）入手的学习，是以一种更有组织和用合作的方式探究并解决问题的学习。这些来自学生的问题自始至终支撑着学生的学习，是儿童问学课堂立足的基点。

（三）以阅读和思维的提升为指向

阅读教学包罗万象，既包括识字、理解、词句或语法的教学，也包括体裁、手法或风格等的教学。但所有这些都只是阅读的基础。阅读教学就像是一座金字塔，塔的顶端是阅读能力的提高和学生思维的提升。教材中的课文或是独立的文字，或是节选的文字，或是改编的文字，这些文字的作者的其他作品，或这些文字来源的完整作品，都是学生阅读的优质对象。通过引导学生体悟童话的奇妙，学生对整个童话阅读产生浓厚的兴趣；通过对童话选段的阅读，学生习得阅读童话的方法，提升童话阅读能力。因此，我们还应关注学生阅读素养的培育和思维能力的提升。

二　明确学习任务，设计项目进程

学习任务是为了实现个人语文素养的发展而采取的主动的、有意义的活动。儿童问学课堂中的学习任务常常结合学生的问题，整合单元学习的目标内容和学习资源等引导学生去完成对大概念的定义。

（一）整体设计

学习任务的设计应以素养提升为本位，通过创设真实的活动情境，引导学生围绕核心知识主动地阅读与鉴赏、梳理与探究、表达与交流，从而获得思维的提升、学习的智慧和做事的能力。作为有效的学习任务，至少要明确以下四点：①任务是什么？②怎样完成任务？③做成什么样子？④完成任务需要多长时间？也就是在一个单位时间里，如一个阶段、一节课或一节课的某个环节，围绕一定的有挑战性的学习任务，完成完整的语言实践活动。

如统编教材四下第八单元的教学设计，我们可以结合学生的问题及单元目标做如下预设。一是本单元学习的中心任务（或大任务）是"体会童话的奇妙"。二是为引导学生充分体会"童话的奇妙"可以借助哪些方法。在儿童问学课堂此前的相关研究中，特级教师潘文彬先生曾总结出"问学十法+"——"问一问""听一听""说一说""读一读""写一写""议一议""联一联""比一比""改一改""演一演"等。问学十法后面还有一个"+"，说明儿童问学课堂的学习方法除此之外还有很多，教师应根据具体的学习内容和情境，单独或配合使用这些方法，但所用的方法都要建立在学生已有认知的基础上。三是学生通过学习单元课文，感受到每一篇童话既有共同的奇妙之处，也有各自的特点，从而在内心深处感悟到"童话的奇妙"。四是每一个任务需要多长的时间。课前教师要做好推演，确保既能完成刚性的规定任务，又有弹性空间。

（二）分步落实

大任务具有统合性，有时很难通过单个的学习活动来完成。把大任务分解成若干个小任务往往更容易让学生逐个突破。如体悟"童话的奇妙"，在具体的学习过程中，教师通过引导学生结合已有的童话阅读经验梳理出自己对童话的基本印象，如童话故事情节的奇妙、语言的奇妙、想象的神奇等，由此可以确定三个探究任务。然后，在已有认知的基础上结合具体的课文，学生还会有更多的发现。学生每一个想探究的角度就是一个新的任务，如《巨人的花园》中花园环境前后变化的奇妙、《宝葫芦的秘密》中宝葫芦的奇妙、《海的女儿》中主人公遭遇的神奇经历等。一个角度就是一个小任务，这些小任务既开放，又聚焦。

（三）细化分工

小组合作是儿童问学课堂得以项目化实施的重要保证。小组成员必须有明确的分工，并有明确的职责。

小组长：小组领导。指导、支持和协助小组成员。自己带头发言，更要为其他成员创造发言机会。合理分配任务，及时与老师交流，激励每一名成员。带领小组成员充分运用儿童问学课堂的问学口令、问学展示板等工具，提示小组成员专注于学习任务。

组长助理：承担组长同样的责任，填补缺席成员的角色，协助组长完成工作。

资源组长：收集资源，委派某一成员负责某一具体资源，记录并跟踪资源。

记录组长：记录数据、信息或相关的问题，将小组筛选的最有价值的问题写到问学展示板上；发送和接收信息，与小组成员分享最新信息。

时间组长：通知成员每一项学习任务的时间期限，提示成员按时完成任务。儿童问学课堂中有学习小闹钟，时间组长要提醒小组成员服从小组和班级的整体学习进程。

每一个任务的高效完成，都必须建立在高质量的自主学习基础上，没有高质量的自主学习就没有高质量的合作学习。在充分自主悟学的基础上进行小组协同合作，确定共同的研究主题，有效分工并合作完成各项任务，才能更好地形成小组学习共同体。

三 展开学习活动，达成项目目标

在儿童问学课堂实施过程中，我们通过各种学习活动提升学生的语言表达力、审美力和对生活的感受力。在这个过程中，我们尊重学生不同的学习打开方式，尊重学生自己的探究方式，以达成项目目标。

（一）运用策略，设计学习活动

学习的策略有很多，我们可以结合学生已掌握的策略设计学习活动，这样不但能巩固已有策略，还能生长出新的策略。

1.预测。预测是根据已有认知和计算洞见即将发生的事情。预测是一种有效的阅读策略，也符合学生的好奇心理。引导学生一边阅读，一边运用预测的方法，对作品后面的内容，对节选以外的内容进行预测，可以引发学生对更广阔的阅读内容产生憧憬。通过不断地预测和验证可以有效促进学生持续阅读和持续发现。如学习《宝葫芦的秘密》时，可以引导学生借助选文对整本书的后续内容进行预测，还可以引导他们结合生活对王葆得到宝葫芦后的学习和生活进行预测。联系自己的生活和自身的愿望去预测，更容易将学生带入真实的情境和需要当中，从而加深对"童话的奇妙"的感悟。

2.组织。常见的组织策略有运用思维导图、表格、流程图等。思维导图是图片、图形、词语的组合运用，利用多级分支呈现知识之间的层次关系以及思维的发展路径，实现知识表征的可视化。这种可视化一方面允许学生充分发挥他们的想象，即根据学生的兴趣偏好，绘制形式多样的思维导图；另一方面能够使学生从全局和整体的视角思考问题，进而提高他们的思维灵活性和发散能力。如在做《宝葫芦的秘密》和《巨人的花园》整本书阅读时，可以引导学生边阅读边完成思维导图，有效梳理内容、提取关键信息、形成目录，再结合图表讲故事，增强学生对于整本书内容的感知、理解和把握能力。

3. 对话。如运用对话策略，让学生对"宝葫芦到底算不算宝贝？"这个话题进行思考、辩论，引导学生主动去整本书中寻找主要人物、提取重要事件、发现关键证据来佐证自己的观点。再如，《巨人的花园》中那个小男孩究竟是谁？让学生从整本书或其他作品中找到依据，并通过小组对话来表达自己的观点，从而更深刻地感受作者构思的奇妙，以及作品给人带来的奇妙思考。

4. 感悟。四下第八单元的语文要素还要求学生能把握童话中人物"真善美的形象"。在《宝葫芦的秘密》中，有很多简短而诙谐的对话，通过阅读和体会这些对话，学生就可以感悟到王葆的淘气、天真、善良。《巨人的花园》中小男孩改变巨人的花园的同时，也改变着巨人，让巨人懂得善良和无私的力量。具体教学时教师要引导学生主动用自己的眼睛去聚焦，感悟童话的语言，在习得语言的过程中懂得美德，获得美德。

5. 创编。学习材料中往往有很多留白的地方，教师可以通过引导学生对作者略写或留白处进行补白，来提升学生对童话的理解、欣赏和创造能力。在童话的创编任务中，可以引导学生在自主发现童话构思的某些规律后尝试创编。如童话中的"反复"，有时是内容的反复，有时是过程的反复，教师要求学生能体会反复中的细微变化，从而获得创编的支架。再如

"反转",《宝葫芦的秘密》中先是"要什么,有什么",后来是"有什么,烦什么"。整个故事从幸福到烦恼,不断运用反转,教师也可以引导学生发现这种反转,再设计反转,串联起更多神奇的故事。

当然,在具体的教学过程中还可以运用更多的策略,设计更多的活动,用一个个连贯的有挑战性的学习任务引导学生读故事、理故事、悟故事、讲故事、编故事,并在这个过程中连接、归纳、推理、定义等,从而在语言实践中提升语文素养。

(二)展示评价,贯穿日常学习

学习活动的不同环节,可以根据任务的内容让学生以不同的方式分步骤汇报交流,这种展示和交流可以是书面的,也可以是口头的,可以是画报的形式,也可以是表演的形式,或是最常见的家庭作业的形式。应为学生搭建多样平台,如辩论赛、人物展、读后感、人物书签、课本剧表演、童话大王评选、创编小达人评比等,让学生真正感受到童话的奇妙和魅力。

对于成果展示的评价,我们主要从其信度(研究、调查、引用、表格或图表的呈现)、情感(在展示过程中打动受众,抓住受众注意力的能力)、逻辑(逻辑清晰的表达能力)和表达(包括声音传送、眼神交流、自信程度、是否简洁等)等角度来评价,评价过程贯穿于整个学习过程。

(三)反思过程,形成持续学力

项目化学习视域下的儿童问学课堂对于学生理解、应用、分析、评价、创新等语文能力和持续学力的形成有促进作用,这种学力的形成与学生在学习过程中的及时反思是分不开的。有时,课程结束了,但学生的学习还未结束,学生通过反思自己在每一项实践活动中的学习体验、方法、态度来加深对学习内容和学习过程的理解。如为提升整本书阅读的能力,自己从单元课文中习得了哪些方法和策略,哪些方法对自己更有效等,从而使自己的阅读能力不断提升，阅读视野不断延展，阅读习惯不断发展，为长线阅读、终身学习打下基础。

当然，教师也要反思自己在教学活动中的指导作用，如：怎样用精读课文或课内选文进行导读？如何用更开放的任务来引导学生学习？如何更科学地分解任务，使各个任务既能独立发挥作用，又能加在一起发挥"1+1＞2"的作用？学习结束后如何用后续的项目跟进？……教师要让学生在更开放的问学空间中，在更连续的语文实践活动中享受到学习的快乐。

儿童问学课堂的问题处理

项目化学习视域下的儿童问学课堂是以学生在学习过程中面临的真实问题为落脚点，通过对学生提出的问题进行梳理、提炼，使之转化成与单元或单篇课文学习主题紧密相关的驱动型问题，并以该问题为切入口，从学生的生活实际出发，创设真实的情境，设计有挑战性的学习任务，引导学生以语文实践活动为主线，自学自悟、大胆发问、主动合作探究，在快乐实践的过程中提升自身的核心素养。驱动型问题驱动力的强弱关系着儿童问学课堂的整体实施效果，是儿童问学课堂实施过程中首要解决的问题。

一 驱动型问题要真实

学生的问题是儿童问学课堂教与学的起点，儿童问学课堂中的问题首先应是真实的问题，在梳理、提炼学生真实问题的基础上转化成的问题才是真实的驱动型问题。

（一）真实的驱动型问题来自对学生原始问题的细心梳理

真实的问题一定是在真实的学习情境中，学生对学习内容进行自学自悟后产生的问题。教师要重视学生的问题，并认真梳理学生天马行空的想法。比如在执教统编教材六下《十六年前的回忆》一文时，某班25名学生提出了近30个问题。这些问题有的与李大钊的生平有关，有的与李大钊的家人有关，有的与抓捕和杀害李大钊的反动军阀有关，有的与李大钊的品质有关，有的与李大钊的言行表现有关，还有的与文章的写法有关，甚至有的学生对旧社会警察抓捕李大钊的行为也表示不理解……凡此种种都是学生真实的问题。教师要将这些问题分门别类，细心找出学生普遍关心的问题，分析这些问题的指向，思考这些问题与课文的核心知识的关系，为驱动型问题的产生奠定基础。

（二）真实的驱动型问题来自对核心问题的高度提炼

在儿童问学课堂的实施过程中，我们经常发现很多学生会从不同的角度，用不同的方式进行提问。这些问题都是学生学习时自然产生的真实问题。师生前期对这些问题做大类梳理后，可以再对每一类问题做内部的异质分析，这种分析有助于我们忠于学生内心的困惑，也有助于我们发现核心问题。例如，在学习《十六年前的回忆》时，学生对李大钊面对敌人的表现，提出以下问题：李大钊被捕时为什么可以如此镇定？李大钊都上法庭了，为什么还如此平静和安祥？为什么李大钊在临刑前还这么镇定？李大钊在被抓捕时，为什么对敌人还抱有一种严峻的态度？仔细分析后我们将这些问题提炼成一个问题：为什么李大钊能一直保持平静和镇定？这个问题可以涵盖这一类的所有问题，是核心问题，这个核心问题可以直接转化成驱动型问题。在学习过程中，学生都能从这个驱动型问题中找到自己提出的问题的影子，从而增强学习主动性。这就是真实的驱动型问题。

（三）真实的驱动型问题还需进行有效转化

在提炼出一个真实的驱动型问题后，教师还应该对这个问题进行有效转化，因为真实的驱动型问题往往具有高度的概括性，需要纳入学习内容中的核心知识。教师要将学习内容中的核心知识进行结构化处理，让这个驱动型问题与核心知识以及学生的原认知结构产生关联，这样才能让学生有更好的学习体验。继续以《十六年前的回忆》为例，通过对核心问题转化成的驱动型问题为"从文中哪些地方可以看出李大钊是平静的？找一找，画一画，并说一说自己的感受"。问题经过转化更利于学生进行探究了。

学生在学习和生活中遭遇的实际问题，是学生真正关心、真正感到困惑的问题，聚焦这些看似平常却充满张力的问题，才能激发学生去主动学习、深度思考、激烈讨论、持续质疑以及迁移运用。

二 驱动型问题要聚焦

儿童问学课堂充分体现了"学为中心"的理念，始终聚焦学生关注的核心问题，这些核心问题与学习主题关系紧密。教学时，教师应紧紧围绕这些由核心问题转化成的驱动型问题设计语文实践活动，这样才更有助于对学生学习力的培养和语文素养的提升。

（一）驱动型问题要聚焦学生的关切

在儿童问学课堂的实施过程中，我们充分发挥问学任务单的作用，让学生发现问题、记录问题、辨析问题、解决问题、反思问题。从最初"是什么"的问题，到"怎么样"的问题，再到"为什么"和"怎么用"的问题，每一种问题都由学生自己逐条记在问学任务单上。他们渴望得到教师和同伴甚至家长的关注，这是学习能够主动发生和真实发生的前提。无论是从内容、写法、启示等角度上提出的问题，还是跟课文内容关系不大甚至无关的问题，都代表了学生的某种学习期待。

如统编教材五上第四单元的学习。其单元课文内容如下：精读课文《示儿》《题临安邸》《己亥杂诗》《少年中国说》《圆明园的毁灭》，阅读链接《澳门》《香港》《和平宣言》，略读课文《小岛》和习作《二十年后的家乡》。本单元的人文主题是"为什么我的眼里常含泪水，因为我对这土地爱的深沉……"。学生在单元学习前提出了很多问题，如"临安在哪里？""'少年中国'是什么时候的中国？""'小岛'具体指哪个岛？"……如果把这些问题仅当成普通的问题，只让学生查查资料或由教师直接告知，就非常可惜了。其实这些问题都与本单元的人文主题有着千丝万缕的关系，它们都关注了"因为我对这土地爱的深沉……"中的"这土地"。聚焦到这一点，我们便能看到本单元的"这土地"涵盖了中国古代的中原之地、近代的圆明园（北京）、澳门、香港、现代的南海诸岛，还有未来"二十年后的家乡"，其实是全方位涵盖了时间上和空间上的中国。教师只有聚焦了学生的问题，才可能更好地引导其理解"这土地"的内涵及其包含的情感。而这，对于单元教学的项目化实施非常有帮助。

（二）驱动型问题要聚焦学习主题

学习主题可以来自单元的人文主题和语文要素，也可以来自单篇课文的学习要点，还可以来自教师对单篇课文在语文学习任务群中的理性定位。当然，在儿童问学课堂的实施过程中，学习主题还可能来自学科或跨学科知识与社会生活实际相结合产生的主题。在统编教材五上第四单元教学的过程中，对于学生提出的诸多问题，教师根据单元导语中的两个关键词——"这土地"和"爱"，对学生的问题做了如下提炼和转化：本单元的课文中"这土地"分别指哪里？"爱"体现在哪里？这两个问题就很好地聚焦了单元的学习主题，同时也与学生的提问高度相关，还能让每一篇课文的学习主题更为聚焦。

如《示儿》对祖国的"爱"，体现在陆游的"悲"和"盼"上；《题临安邸》对祖国的"爱"，体现在一个"愤"字上；《己亥杂诗》对祖国的"爱"则体现在"期待"中，期待杰出人物出现，期待改革大潮，期待拯救垂危的国家；《少年中国说》中不但有"期待"，还有"唤醒"；《小岛》对祖国的"爱"则体现在战士们的"坚守"上。这样的驱动型问题既有利于做单元的整体设计，也有利于教师设计有挑战性的学习任务。在学习的过程中，学生得到了情感的熏陶，还让阅读有了居高临下的视野。

（三）驱动型问题要聚焦学习活动

儿童问学课堂中的驱动型问题还要有利于学生语文学习实践活动的开展。这些语文实践活动以驱动型问题为引领，整合单元或单篇课文的学习内容，创设情境，运用恰当的学习资源，给学生充分的学习时间和广阔的学习空间，让学生在学习过程中观察、调查、探究、交流、展示、分享，运用语文学科的基本概念、知识、原理，借助多种资源，在规定的时间内解决与单元主题相关的一系列问题。

还是以上文中提到的《古诗三首》为例。在教学《示儿》和《题临安邸》时，可以设计学习实践活动，让学生通过查找资料理解两位作者共同的"悲"与"愤"体现在哪里。学生结合资料，比较、分析、探究，找到了诗中"见"与"不见"、"休"与"不休"、"忘"与"不忘"等鲜明的对比，从而可以更好地理解陆游与林升的"悲"与"愤"，并且获得一种全新的学习体验，加深了对诗人和作品的深刻理解。这里还可以设计拓展性的学习活动，引入《秋夜将晓出篱门迎凉有感》，结合"王师"（王师北定中原日）句和"遗民"句（遗民泪尽胡尘里，南望王师又一年），让学生体会"王师"与"遗民"放在一起的观瞻效果。一年过去了，遗民在"南望王师"，希望他们能"北定中原"，王师在"西湖歌舞"不休；十年过去了，遗民在"南望王师"，希望他们能"北定中原"，王师在"西湖歌舞"不休；二十年过去了，遗民在"南望王师"，希望他们能"北定中原"，王师在"西湖歌舞"不休……以此来引导学生更深入地理解诗人失望但终不绝望的千回百转的愁肠。这样，将所有需要学习的核心知识镶嵌在任务情境和学习活动当中，就能够有效调动学生学习的主动性，促进学生充分地接触语言文字，体会人物情感，触摸语言温度，提升学习品质。

三　问题驱动力要持久

儿童问学课堂的驱动型问题应有持续的贯穿性，这种贯穿性可以只是一个学习活动，可以是对一个核心知识的学习，也可以是一节课的学习，甚至是一个单元和一个阶段的学习。

（一）问题的驱动力来自长远的迁移目标

项目化学习视域下的儿童问学课堂，指向学生的学习能力与核心素养的培养。它在关注自主学习方式的基础上，还追求学习效果的卓越。这里的"卓越"既体现在对所学知识、技能的有效掌握上，还体现在对新习得的知识的有效迁移与运用上，它立足于学生素养的长期持续发展。

在"语言运用"方面，我们关注学生积累与整合、发现与领悟、应对与交流等能力的迁移；在"文化自信"方面，我们关注学生体认与传承、关注与参与、理解与借鉴等能力的迁移运用；在"思维能力"方面，我们关注学生联想与想象、分析与比较、归纳与判断等认知表现能力的迁移与运用；在"审美创造"方面，我们关注学生体验美、感受美、理解美、欣赏美、评价美、表现美等能力的迁移与运用。

如统编教材三下第三单元，其内容有《元日》《清明》《九月九日忆山东兄弟》《纸的发明》《赵州桥》，是有关"中华优秀传统文化"的综合性单元。根据单元学习前学生分组讨论并提出的问题和设想——他们有的想研究自己喜欢的节日，有的想研究古代的习俗，还有的想研究当代的习俗……教师将驱动型问题定为"中华传统习俗自古至今有什么变化？"。这个驱动型问题可以促使学生在真实情境中进行更深入的语文实践活动。因为这个驱动型问题本身已规划好了学生研究的步骤——从古至今；也点明了研究的内容——习俗的变化；还暗含了研究的目标——在变化中理解传统习俗的特点，增强学生的文化自信。每个小组也许只是研究了一个节日，但在这个过程中学会的对比研究的方法可以迁移运用到对其他传统节日习俗的研究中去，也可以迁移运用到对其他自己感兴趣的事物的研究中去。

（二）问题的驱动力来自真实的任务情境

驱动型问题的驱动力有赖于教师对真实学习情境的创设，这种真实学习情境是激发学生学习兴趣的重要动力。教师可以为学生创设话题情境，还原生活情境，或拓展生活情境，并以任务驱动式的问题链为引擎，不断引导学生走向学习的深处。

还是以统编教材三下第三单元为例，对"中华传统习俗自古至今有什么变化？"这一驱动型问题，教师通过创设生活化的情境，让学生选择自己喜欢的节日去了解，用自己喜欢的方式记录，并讲给小组同学听。在学习《九月九日忆山东兄弟》体味作者的情感时，教师创设以下情境：王维如果生活在今天，还会写这首诗吗？学生通过查找资料了解到他当时所在的长安离他的老家蒲州（今永济）只有191公里，目前开车需要2小时35分，坐高铁只要57分钟，甚至可以打视频电话与友人联络。在这个语文实践活动过程中，学生既知晓了传统的习俗，也了解了很多习俗发生变化的一个重要原因是社会不断进步。这种与生活情境相融合的，甚至是跨学科的学习体验，给了学生无限的学习动力。

（三）问题的驱动力还受过程性评价的影响

在儿童问学课堂的实施过程中，教师通过创设真实的任务情境，设计有效的学习活动任务，让学生自主实践、合作探究，并在此过程中不断完成对核心知识的建构。在知识建构的过程中，师生对学习过程的评价也对驱动型问题的驱动力有一定的影响。

这些评价包含对学生外在学习成果的评价和内在学习品质的评价。教师的评价要贯穿于学习的全过程。教师还可以联合学生甚至家长等对学生物化的、可见的学习成果进行评价，让学生体验到学习的成就感；通过对学生的认知水平、学习能力、思维品质等方面获得的提升进行评价，促进学生思维的发展和观察、想象、表达能力的提升；通过对学生的自我认知、监控、调整的能力进行评价，让学生主动梳理学习的历程、思维的轨迹，促进他们问学精神不断升华、问学素养不断提升，最终实现核心素养的提升。

儿童问学课堂的任务设计

分配给学习者的学习任务应该与其能力发展阶段相匹配，与语文学习任务群的目标相匹配，与文本的内容相匹配。这里的匹配，不是一模一样，而是贴近学生的最近发展区，体现出一定的挑战性。以下仅以"文学阅读与创意表达"学习任务群为例，来说明儿童问学课堂中挑战性学习任务的设计要领。

语文课程标准在"文学阅读与创意表达"学习任务群的"教学提示"中指出，要"引导学生成为主动的阅读者、积极的分享者和有创意的表达者"。此"三者"可以看成是该学习任务群的终极目标。语文学习目标的达成应以语文实践活动为主线，是学生在教师的指导下，在真实的情境中，带着真实的任务，在问题的强烈驱动下，自主地运用学习方法，整合学习资源，对学习内容进行探究并完成学习任务的过程。因而，挑战性学习任务的设计对学习目标的达成有重要的导向和驱动作用。在阅读教学过程中，挑战性学习任务的设计可以使学生的阅读与创意表达能力交织共进。

一 挑战性学习任务的特征

（一）目标的匹配性

有效的学习任务来自教师对学习内容和学习目标的精准定位。教学内容是实现教学目标的路径和桥梁，同一个教学内容根据教学活动的不同需要，放在不同的任务群中和不同的学习单元中进行教学设计，其教学目标也会有不同。如实用性阅读与交流的学习目标是通过倾听、阅读、观察、获取、整合有价值的信息，有效传递信息，满足交流沟通的需要；文学作品阅读的学习任务设计，应指向文学阅读与创意表达任务群的目标，更应努力"引导学生成为主动的阅读者、积极的分享者和有创意的表达者"；思辨性阅读与表达任务群的目标主要是培养学生负责任、有中心、有条理、重证据地表达，培养学生的理性思维和理性精神。

（二）任务的指向性

挑战性学习任务往往指向学生学习过程中亟须解决的问题或困惑，教师应着力解决学生在此过程中遇到的各种困难。学生的阅读行为受自身的阅读基础、阅读时间、感受方式等多种条件制约，因个体不同产生的问题也不尽相同。这就要求在设计挑战性学习任务时，教师既要关注学生的共性问题，也要照顾少数学生的个性问题。应避免发生只凭借自身有限的经验站在课堂的制高点对学生的问题进行非理性判断和处理的现象。

（三）实施的层进性

阅读教学也好，习作教学也好，学生的学习过程都是旋梯式的，但学习路径应该是清晰的，任务的层级也应该是分明的。一个学习阶段或一节课中的前后任务之间存在很强的内在联系，教师应围绕学习主题由浅入深设计各项子任务，使前后任务保持连贯性。如文学性阅读中的挑战性任务的设计，从感知内容、品味语言、感受形象、体味情感，到运用作品中的表达方法和表现手法进行个性化的表达，最终实现文学阅读与创意表达的有机融合，就是一个层进性实施过程。

（四）价值的多元性

语文学习任务的根本价值还是育人，是培育学生的语文核心素养。"文学阅读与创意表达"类课程内容在教师设计驱动型学习任务时，应有助于学生文化视野的开阔和文化底蕴的蕴积，应有助于学生的语言建构和运用，应有助于学生思维能力的培育，应有助于学生的审美体验和审美创造能力的形成，所以其价值是多元的。

二 挑战性学习任务的类型

统编教材中的大部分文本，经常集多种学习任务群的目标于一身，往往既包含如"掌握文字的运用规范""积累语言材料和语言经验"等的基础型目标，也包含"倾听、阅读、观察、整合有价值的信息，有效传递信息"等发展型目标，还包含"综合运用多种方法阅读整本书"等拓展型目标。以"文学阅读与创意表达"任务群来说，儿歌、童话、故事、诗歌、散文、小说、传记等各类体裁的文学作品在教学任务设计中承担着满足学生共性和个性要求的任务。

（一）共性的要求

1. 多种形式的"读"。"文学阅读与创意表达"任务群前三个学段在阅读"革命文化""人与自然""儿童文学"主题的作品时，都强调"整体感知"这种重要的文学阅读的策略和方法，都强调"联想、想象"方法的运用，而这些学习方法都离不开"读"，在理解内容、把握文意、品味语言、感受形象时，教师同样要指导学生用朗读、默读、诵读、涵泳、讲述等形式去阅读、感受、理解和鉴赏文本。

2. 品味文学语言。各类文学作品都是以语言为工具，形象地反映生活，表达作者对人生、自然、社会的认识和情感，以唤起人的美感。如儿歌的语言活泼、明快；童话的语言或生动，或朴素，但都充满了想象；小说的语言更是风格迥异。每一种文学体裁的语言都富有个性，都需要教师带领学生去感悟、体会，去评析，并在此过程中积累语言材料，发现语言秘密，习得语言的运用规律。

3.感受文学形象。在文学作品创作的过程中，作家往往运用各种艺术手段把从生活中得到的大量感性材料熔铸成活生生的艺术形象。在教学过程中，教师要通过挑战性学习任务驱动学生品味作品语言，欣赏艺术形象，感受人物的精神世界和人格力量，并认识到生命的价值。

4.体会丰富的情感。文学作品始终伴随着强烈的情感活动。阅读时，借助挑战性学习任务驱动学生主动阅读、欣赏语言文字，感受作品中丰富的情感，如对革命先烈、英雄人物的敬仰之情，对自然的热爱之情，对生命的珍爱之情，对美好生活的向往之情，以及对童真童趣的赞美之情等，以此丰富学生的美好情感。

5.尝试创意表达。每个学段都应让学生在阅读的基础上尝试创意表达，如第一学段通过诵读、表演、想象、复述、说话、写话等方式进行表达；第二学段让学生"结合自己的生活体验""尝试用文学语言"进行表达；第三学段可以用"讲述、评析"的方式交流，可以"用口头或书面的方式表达对自然的观察与体验，抒发自己的情感"，还可以"运用细节等文学表现手法，描述自己的成长故事"等。虽然要求的层次不一样，但都要求让学生用自己的方式尝试"创意表达"并形成个体语言经验。

6.体验阅读乐趣。文学阅读不但要求在课内读懂文本内容，在体会童真童趣和感受美好生活的过程中"体验文学阅读的乐趣"，还要求在"交流自己阅读文学作品的情感体验"中加深对"人与自然""人与社会""少年成长"的理解，更要让这种阅读走向更广阔的空间，在对整本书或同类文学作品的阅读中获得无限的阅读乐趣。

（二）个性的要求

1.学段不同，任务要求不同。如对革命文化类作品的"阅读和讲述"，第一学段要求学生"阅读并学习讲述"，即尝试用模仿的方式把课文的内容讲出来，通过语言、神态、语调等表现出来；第二学段则要求学生"阅读并讲述"，是学生自己通过阅读、感受，把自己对作品的理解表达出来；第三学段要求学生"阅读、欣赏"，还要用"讲述、评析"等方式"交流自己的情感体验"，这评析当中甚至还有批判性思维的含量。因此，不同学段对同一学习任务的要求也不同。

2. 不同体裁的作品，其任务要求也有差异。如对于文学作品的情感主题的把握，阅读革命文化主题的散文和回忆录时，要求学生借助阅读，表达对革命英雄、仁人志士的崇敬之情；阅读表现自然主题的诗歌时，要求学生尝试用文学语言表达对自然、对生命的热爱之情；阅读儿童文学类作品时，要求学生欣赏有童趣的语言和形象，感受童真童心等。阅读文本的体裁不同，其具体任务要求也不同。

3. 不同的板块要求不同。同一篇课文，放在不同的学习单元或不同的活动背景下进行教学设计，其要求也有差别。如统编教材六下第四单元的《十六年前的回忆》一文，从单篇文章的体裁看，这篇课文既可以放到"实用性阅读与交流"的任务群中学习，因为它是典型的叙事类文本，也可以放到"文学阅读与创意表达"任务群中学习，因为它也是一篇回忆录，是回忆性散文。

根据新课标对这两类文本的阅读目标的表述，如将其放至"实用性阅读与交流"任务群中进行教学设计，学习目标应为：①通过倾听、阅读，获取、整合文中有价值的信息，并清楚表达，有效传递自己读到的信息；②学习李大钊的事迹，尝试运用多种方式记录、展示、讲述他的故事，表达自己的崇敬之情。如若将其放在"文学性阅读与创意表达"任务群中进行教学设计，学习目标则为：①通过感知、联想和想象，感受文学语言和人物形象的独特魅力，在欣赏和评价语言文字的过程中提高审美品位；②阅读课文，感受李大钊伟大的精神世界和人格力量，认识生命的价值；③

用讲述、评析的方式交流自己的阅读体验。统编教材六下第四单元的语文要素为"关注外貌、神态、言行的描写，体会人物品质"。"关注外貌、神态、言行的描写"是"感受文学语言"的方法和路径；"体会人物品质"即要求感受文学语言的同时，"感受革命领袖、革命先烈伟大的精神世界和人格力量"。这个单元的人文主题是"人生自古谁无死，留取丹心照汗青"，与生死观有关，对应了文学阅读与创意表达任务群中"认识生命的价值"的目标要求。具体设计教学时，教师应自觉将教材的单元导语、人文主题、语文要素以及特定的活动主题等融入"学习任务"当中。

三 挑战性学习任务的设计

有效的学习任务都具有很强的驱动性，总能使学生的学习处于积极的状态。它能让学生在完成任务的过程中，充分享受到阅读与表达的乐趣。

（一）任务生成

学生学习的内在驱动力源于生活和学习中出现的真实问题，教师要关注学生提出的这些问题并将其转化成具体的挑战性任务。

1.学生提问。通常，教师可以在课前借助"问学任务单"来收集学生的问题，在"双减"的背景下，为减轻学生课前的预习负担，也可以在课中运用"问学展示板"当场收集学生的问题。课中，学生对课文整体感知后，他们对于新的学习内容一定有许多疑惑，可以借助"问学展示板"当堂提出，然后经小组交流，把小组内认为最有价值的问题书写到问学展示板上，并贴到黑板上供大家研究和梳理，为设计真实有效的学习任务做准备。如在学习统编教材五上第七单元《鸟的天堂》一课时，学生将以下问题贴在了黑板上：①第9自然段，为什么农民不许人去捉它们呢？②课文题目是"鸟的天堂"，为什么一开始要用这么多文字来描写榕树呢？③第9自然段与第14自然段都提到"鸟的天堂",这两段中作者的思想感情有什么变化?④课文题目叫"鸟的天堂",为什么不叫"鸟的家"?⑤作者两次去了鸟的天堂,看到的情景有什么不同?

2.问题梳理。问题梳理的主体是学生,教师只起协助作用。通常问题的梳理既可以按提问的角度来梳理(如对内容的提问、对主题的提问、对写法的提问等),也可以按文章的线索来梳理,还可以按对问题的关注度来梳理。在学习《鸟的天堂》时,学生在自读自悟的基础上提出问题。课上教师要舍得给时间让学生自己去发现、去交流,从而自主解决一些基础问题。学生解决不了的问题,往往也是有价值的问题,是需要教师帮助才能解决的问题。但这里的帮助不是教师直接告诉学生答案,而引导他们合作、交流,让学生在探究过程中自然领悟。对于一些较有难度的问题,如"作者两次去了鸟的天堂,看到的情景有什么不同",再如"课文题目叫'鸟的天堂',为什么不叫'鸟的家'"等,教师要重点关注,引导学生进入深层阅读并根据学生的阅读程度与他们进行深入浅出的交流互动。

3.问题转化。通过对初步梳理的问题进行再梳理,我们还发现学生提的问题基本都与"鸟的天堂"有关。学生通过读课文就能知道,"鸟的天堂"是指"大榕树"。那么,要想解决此类问题,只有先解决"这是一棵怎样的榕树"这个问题,结合单元的语文要素,即"初步体会课文中静态描写和动态描写""学习描写景物的变化"。教师会自然将学生提出的核心问题转化成这样一个驱动型问题:大榕树给你的感觉是什么呢?紧接着又将驱动型问题转化成有挑战性的学习任务:课文分别描写了作者在傍晚和早晨两次看到"鸟的天堂"的情景,读一读,画一画,并说一说作者两次看到的情景有什么不同。

（二）任务分解

1.核心任务的分解。有效的学习任务的首要特征就是有一定的挑战性，但又能让学生逐一落实和梯度抵达。如"任务一"：课文分别描写了傍晚和早晨两次看到"鸟的天堂"的情景，说说它们有哪些不同的特点。我们可以将其分解成以下子任务：①默读课文，用心比较和发现，用笔勾画出相关语句，并写一写批注(提示：可以写自己的理解和发现，也可以写自己在阅读过程中产生的问题)。②小组成员之间说一说，并读一读相关段落，时间为5分钟。这样学生就可以由浅入深、由表及里，由形式到内容进行感知、赏析，同时还兼顾到听、说、读、写等多方面的训练。

2.前后任务的层进。驱动型学习任务的内在线索遵循着语文素养的生成规律，如语言的建构与运用的规律、思维发展与提升的规律等。一篇课文的学习任务设计应整体规划，逐步进阶。仍以《鸟的天堂》为例，单从语言建构的角度来说，为完成挑战性任务，教师先引导学生从描写的内容上看：傍晚，描写的是大榕树，展现的是一种静态之美；早晨，描写的是栖息在大榕树上的鸟，展现的是一种动态之美。再从描写的顺序上看，由远到近写静态，点面结合写动态，这是一种进阶。从审美能力的培养角度来说，可以引导学生从遣词造句上看：静态描写多用长句子，细致生动，情意深厚，耐人寻味，呈现出一种静谧的美感；动态描写多用短句子，以词为句，错落有致，动感十足，展现出一种热闹的美感等。这又是一重进阶。任务与任务之间都有明显的层进关系，从写了什么，到按什么顺序写的，再到探索语言的形式，为帮学生实现从文学阅读到创意表达创造一种可能性。

（三）任务推进

1.创设情境，引导学生成为主动的阅读者。丰富的文学阅读是创意表达的基础。课中,教师要调动学生的学习需要,进入到不同类型的文学阅读情境中。在教学《鸟的天堂》时,针对学生提出的问题,教师可以在课堂中创设情境,让学生主动带着自己的问题去阅读,去发现。

(1)主动体会文章的表现手法。根据学生提出的问题:课文题目叫"鸟的天堂",为什么不叫"鸟的家"?教师不必着急让学生直接从文中去找依据,而是从"动态描写和静态描写"入手,引导学生对文字进行审美认知。教师问:大榕树给你的感觉是什么呢?学生说"壮观""温馨""美好"。教师接着问:这种温馨与美好是从课文的哪些词句中表现出来的呢?学生说"'卧'得很安闲"。教师问:动态之美又是从哪些句子表现出来的?学生说"到处都是鸟声""到处都是鸟影"……教师问:鸟儿在这株大榕树上生活得怎么样呢?学生说"鸟儿很幸福""鸟儿很自由"。此时那名提出问题的学生突然站起来,说:"现在我知道为什么这个地方被称作'鸟的天堂'了。"他甚至是有些激动地说:"这一个地方对于鸟儿们来说就是一个真正的天堂。'家'不足以表现这种美好,'天堂'有一种深层的安稳和美好。"这是学生自己的语言,这是学生自己的发现和领悟。课堂上,教师顺着学生交流的方向一步步引导,学生关心的核心问题的面纱一层层被掀开,师生的语言和思维交织着往前走。这个过程看起来像绕了一大圈,其实这一圈正是学生思维的生长。动态描写和静态描写是本文学习的一个重点,教师没有把这个重点作为教学的终点,而是作为教学的起点,有意用这个起点激活课堂,并将它贯穿课堂,而且其他子问题都围绕并指向它。由这个学习的重点出发,还可以拓展出更深层次的内容。第一次看到的"天堂"是茂盛的大榕树,这棵树生命力强、生机勃勃。第二次看到的"天堂"是真正的鸟的天堂。这时老师请两名学生分别读静态和动态描写的段落,其他学生闭着眼听,然后说说自己听读时脑海中浮现的画面。学生仿佛看到鸟儿欢乐、自由、纷飞的场面,继而认识到这是一个自由、美好、不受人类干涉的所在。在学生的心里，这就是"天堂"吧。深层阅读就是这样一种在教师创设的对话情境中让学生的思想不断碰撞、交流、生成的过程。在这样的学习过程中，学生的思维、想象力、审美能力都得到潜移默化的培养。

（2）主动体会文字的坡度表达。《鸟的天堂》一文中有很多理解上的难点，教师要将这些难点在学生对课文有思考和领悟的基础上顺势提出，从而引导学生发现文章的表达密码。如，在学生理解了"鸟的天堂"含义的基础上，老师出示课文结尾处点题的句子——"那'鸟的天堂'的确是鸟的天堂"，继而问：你们有没有产生新的问题？引导学生自主思考，自我追问并解决问题。学生自然发问：这一句中有两个"鸟的天堂"，为什么第一个要加双引号，第二个不加呢？只有当学生能这样不断地自主追问时，他们才能将文本读通、读懂、读透，提升语言感受力。同时，教学有了坡度，学生的思维也有了深度。教师要尊重学生思维自主发展的流畅性和深浅度，珍惜思考碰撞时迸发出的火花，充分给予学生交流和互动的自由，避免用权威的标准答案千篇一律地禁锢学生对文本的理解和思考。

（3）主动去阅读整本书。语文学习，达成每个能力层次目标都需要借助大量的阅读。课内的阅读是有限的，更多的阅读发生在课外。为让学生更全面地了解作者及其作品，或同类作品中的优秀作品，在《鸟的天堂》教学尾声，教师向学生推荐了巴金的散文集《随想集》，并分享了自己在阅读这本书时的感受，为学生在阅读时能深入思考并讲述、评析、交流自己的情感体验做示范和引领，进一步激发学生阅读文学作品的主动性。

2. 创设情境，引导学生成为积极的分享者。课堂教学过程中，为了持续推进文学阅读与创意表达，教师要引导学生在一定的情境中借助联想、想象，凭借语言感受形象、体验感情，并对语言文字进行品析和分享。

（1）分享语言画面。如在教学《鸟的天堂》时，学生自主阅读完文中运用静态描写和动态描写的片段后，教师请两名学生分别朗读这两个部分，提示他们优秀的语言是形象的、有画面感的，并让其他学生闭眼倾听，边听朗读边想象"鸟的天堂"的迷人景象。读完教师请其他学生交流以下问题："听了他俩的朗读，'鸟的天堂'的迷人景象有没有出现在你们的脑海之中？""此时此刻，面对此情此景，如果让你用一句话来表达你内心的感受，你会说些什么？"用这些问题引导学生感受并分享语言的画面感，以及它带来的美感。

（2）分享留白体验。文学作品是一种图式化的结构，存在许多留白。这些留白和暗示为学生进行阅读体验和分享提供了空间。如在学习《鸟的天堂》第12自然段"接着又看见第二只，第三只。我们继续拍掌，树上就变得热闹了，到处都是鸟声，到处都是鸟影"时，教师创设了以下情境：如果你站在树下，你会看到怎样的景象？有的学生说"这几句话让我想到了大榕树上有很多的鸟，大小不一，五颜六色，非常热闹"；有的说"这些鸟非常自由"。在此基础上，教师再次引导学生进入想象情境："如果你是这鸟儿中的一只，你生活在这株大榕树上会有怎样的感受呢？"学生说："生活在大榕树上，我会感到无拘无束，没有天敌威胁我们，非常安心幸福。"至此，才有了学生突然的醒悟和更深层的理解。学生通过分享，对文中的空白处进行补充和想象，从文字中获取了对描写对象的深层理解。

（3）分享情感体验。每一篇课文都蕴含着独特的情感，《鸟的天堂》也是。从一开始教师出示的"巴金的创作谈"开始，到文中的作者"对于自然、对于祖国浓烈的爱"，已经给了学生一个感性认知。再经教师创设情境，精心引导学生熟读深思并在一定的情境之中深刻体悟，学生与作者、学生与文本之间就会产生深刻的共鸣。如在体会榕树的静态美时，教师创设情境：如果你是树上的一只鸟，你会看到怎样的榕树叶？学生说："那棵大榕树的树叶在随风摆动，就像一个个小精灵在欢唱，在舞蹈。"教师鼓励道："好美的场景！你真切地感受到了每一片叶子都是一个新的生命，都在颤动。真好！"接着顺势一问："为什么会有如此美好的画面呢？"学生说："是因为'鸟的天堂'充满了生机，充满了美好，借用作者的一句话来说，那就是那'鸟的天堂'的确是'鸟的天堂'！"这样就让学生在分享的过程中走向对同一问题的多角度理解。

3.创设情境，引导学生成为有创意的表达者。创意表达的方式是多样的，教师可以创设多样的情境，引导学生进行创意表达。其方式可以是简单的模仿，也可以是对习得的方法的迁移运用。

（1）层进建构式创意表达。在教学《鸟的天堂》的过程中，当学生完全畅游并领悟了课文内容时，就难免会有很多话想要表达。如果在教学过程中，直接让学生去仿写静态描写或动态描写的段落，不仅会阻断学生思维的连续性，还会让学生对于本单元的人文主题"四时之景皆有趣"产生疏离感。教师在准确把握学生学习心理规律的基础上，通过对阅读和写作的关联性进行评估，让学生在最想表达的切入口表达，让学生在最想表达的时间点抒发，便能引导学生进行创意表达。如让学生模仿"阅读链接"中巴金的《筑渝道上》中的片段来进行练笔，抒发自己阅读后的感受，充分地进行读写交互。这样的练习，既有助于学生复现学习活动的全过程，还能有效展现语言内容与课文主题的关系，最终使学生收获思维和情感认识的共同提升，并实现充满创意的个性表达。

（2）不同文体类型的创意表达。不同的文体也可以用不同的教学方法，如续写、改写或改编、创作小剧本等。教师要创造安全友好的表达环境，给学生创造口头表达和书面表达的双重空间。不管是怎样的设计，还应该给学生一些有效的表达支架，让学生学会表达，乐于表达，更要激励学生用自己的方法进行有创意的表达，引导学生真正成为主动的阅读者、积极的分享者和有创意的表达者。

第四章
项目化学习视域下儿童问学课堂的工具与管理

儿童问学课堂的学习工具

学习的本质是个体在实践过程中自觉不断地，通过多种途径、手段、方法获取知识并内化为自身素质和能力的过程，是个体自我改造、发展、提高和完善的过程，是使人成为主体并不断增强主体性的过程。学习的本质强调"自觉""自主"和"主体性"。在儿童问学课堂的实施过程中，知识的获得以学生为中心。学生在课前、课中、课后若想更清楚地梳理和呈现自己"知道了什么""理解了什么""怎样解决问题""怎样运用理解和掌握的知识"等，还需要借助一定的问学工具，在一定的学习空间和学习氛围中实现个性化的自主建构。从学习的本质出发，我们设计开发了支撑儿童问学课堂实施的学习工具，并借助多种现代教学手段，有效地支撑了教师的教和学生的学。

一 问学任务单

（一）问学任务单的基本结构

问学任务单是儿童问学课堂的重要工具，是撬动儿童问学课堂的重要支点，也是激活学生思维的有效载体，是帮助学生从已知走向未知的重要支架。

常见的问学任务单结构，从时间上来说，包括课前问、课中问和课后问。问学任务单的设计和使用贯穿课堂学习的始终，课前以问激学，多向发问；课中以问助学，记录问学；课后以问理学，延展问学。学生借助问学任务单自主悟学，自由发问，聚焦语言文字，暴露学习问题，提出关键问题，潜心会文，探究解决问题，从而让真实而有意义的学习在课堂发生。

从问学对象来说，包括问自己、问课文、问同伴等。尽管问的对象还有很多，如还可以问老师、问家长、问作者等，但不管是向谁问，最重要的还是"问自己"。学习的过程从自己在学习前自主悟学向多方面发问，逐渐清晰自己的学习需要，到课中自主或与同伴合作探究产生新问题，诞生新的学习起点，一直到学习结束，最终还是要回到问自己，对自己的学习进行反思和评价，监控和调节。所以"问自己"是贯穿学习始终的，也是自主学习能实现的根本原因。

（二）问学任务单的基本类型

问学任务单有较为稳定的整体框架，但也会因学习内容的变化和班级学情的不同而呈现出不同的形式和结构。

1. 阅读问学任务单。阅读教学问学任务单是最常用的问学任务单。其结构既包括时间上的课前问、课中问和课后问，也包括问学对象上的问自己、问课文、问同伴等，是一种使用最为广泛的问学任务单。它是为了让教师在阅读教学过程中更清楚地了解学生对学习内容的"前理解"程度而设计的问学任务单。阅读的核心是理解，而理解是以"前理解"为基础的。因此，借助问学任务单探寻并分析学生的"前理解"程度对提高学生的学习效率和教师教学预设的精准度非常重要。阅读教学要基于学生的"前理解"，只有在对学生的"前理解"加以正确识别和分析之后，才能采取更有效的教学策略引导学生展开阅读。如"问学任务单1"。

问学任务单1　　伯牙鼓琴

姓名：_____

课前问

◎问自己
1.我已经将课文读了_____遍，本课我最想提醒同学的一个词语是_____，我想提醒他们注意的是这个字的（音□ 形□ 义□）。
_____

◎问课文
1.课文中最让我难以理解的一句（段）话是_____
我的初步理解是_____
2.课文中的这一句话让我感觉很难读，我暂时是这样划分朗读节奏的（用"/"标出）：_____
_____

◎问同伴
_____

课中问

1.课上，老师或同学（有□ 没有□）回应了我的问题。现在，我对这个问题的理解是_____

2.在上课过程中，我又产生了新的问题：_____

> ### 三、课后问
>
> 课后，我已对自己的问题进行了记录和整理。学完课文，我还有一个疑问，我想问（自己□ 同学□ 老师□ 家长□）：
> _____

在阅读教学问学任务单中，课前问、课中问和课后问之间有很强的内在联系，课前问主要是学生通过自主悟学发现问题，并根据自己对学习内容理解的疑难处、困惑处、矛盾处、空白处等提出问题。对于学生在课前提出的问题，教师在课中要引导学生聚焦，并创设情境引导学生进行自主合作探究，在解决问题的基础上产生新的理解和新的问题。课中问要留意学生的问题有未得到关注的情况。课后，学生还可以与教师、家长、同伴做进一步的交流分析和合作探究。课后问让学生对自己的学习做总结和梳理，反思学习过程，积累学习经验，发展独立学习和独立思考的能力。

这样的问学任务单可以整体给学生，也可以根据需要分成几个部分发给学生。其基本内容不但让学生提出自己对课文中字词、内容和表达等方面的疑惑，还让学生关注文章的句读，即朗读节奏的划分、停顿的时长。课中问尤其关注学生在对课前问的解决过程中产生的新疑问。这样就形成了问题链，保证了学习的连续性和思维发展的层进性。

2. 习作问学任务单。学生习作能力的提升所涵盖的要素比较复杂，学生习作活动的效率，是由习作教学的项目化设计水平决定的。习作教学的项目化设计的着力点越精准，习作活动就会越有活力，且越深入。同时，学生习作的表现角度也会越丰富，叙写就越完整，表达就越真实，也越能打动人心。习作问学任务单就是一种可以较为精准把控学生写作水平现状，并能逐步引导学生打开写作思路的工具。通过对习作问学任务单中的信息的梳理，教师可以更准确地诊断并确定指导目标，为学生有效搭建习作支架，适时调整教学方法，以确保习作任务的有序推进。如"问学任务单2"和"问学任务单3"，都是习作教学的问学任务单。其主要板块有问阅读、问话题、问生活。问阅读是让学生问自己的阅读储备，尤其关注学生近期

问学任务单 2　　习作《那一刻，我长大了》

姓名：＿＿＿＿＿＿

一 问阅读

最近，我读了《　　　》《　　　》等书，其中，我对《　　》比较感兴趣，我已经读了＿＿＿＿遍。

二 问话题

我认为本次习作尤其要注意以下几点。

1.＿＿＿＿＿＿＿＿＿＿＿＿＿＿＿＿＿＿＿＿＿＿＿＿＿＿＿＿

2.＿＿＿＿＿＿＿＿＿＿＿＿＿＿＿＿＿＿＿＿＿＿＿＿＿＿＿＿

三 问生活

我最想与大家分享的事情或场景大概是这样的（不超过100字）：

＿＿＿＿＿＿＿＿＿＿＿＿＿＿＿＿＿＿＿＿＿＿＿＿＿＿＿＿＿＿
＿＿＿＿＿＿＿＿＿＿＿＿＿＿＿＿＿＿＿＿＿＿＿＿＿＿＿＿＿＿

的阅读，方便教师以学生最新阅读的文字为例，引导其发现表达方法、寻得行文思路，从而在阅读与写作之间建立关联；问话题是让学生自主审题，为明晰写作方向提供保证；问生活主要是引导学生打开记忆闸门，走进自己的生活过往，为选材做准备。这是习作问学任务单的基本框架，但有时也会因习作的难度、学习群体，或习作要求的不同而产生不同的变式，如"问学任务单3"。任务单3将问阅读、问话题、问生活这三部分内容做整合，

再加上问同伴或问难点环节，主要是让学生正视自己完成本次习作的主要困难，并向同伴、老师和家长提出，向他们寻求帮助。当然，也可以自我解决问题。通过问学任务单提出自己的主要困难，教师便可以做更有针对性的指导。教学时，师生一起突破难点，从而让学生收获更多写作的成就感。

问学任务单 3　　习作《有你，真好》

姓名：_____

一 问阅读

最近我在读的课外书有_____

二 问话题

1. 我想写的这个"你"是_____
2. "你"好在哪里？（用一句话说）
_____
3. "你"好在哪里？（用一件事说）
_____
_____

三 问难点

我写这篇习作最大的困难是_____
_____

3.单元整体学习问学任务单。单元整体学习问学任务单即运用于单元整体教学的问学任务单，是引导学生把单元内容看成一个有机的学习和认知整体，进行全盘观察，整体感知，并提出疑惑和学习期待的学习任务单。教师通过梳理、分析单元整体学习问学任务单，进一步明确单元整体教学的目标，从而完成对一个单元的学习任务的系统规划和设计。教师在充分关注知识逻辑的基础上建立不同课文内容之间的联系，充分彰显单元学习的价值，使学生的学习既有明确的目标，又有清晰的路径，进而有效地促进学生的能力发展和素养提升。如"问学任务单4"就是单元整体学习问学任务单。从时间上来说可以分成学习前、学习时、学习后。学习前板块主要引导学生整体熟悉单元内容，同时找到自己最期待的学习内容，并能简单说明原因。如统编教材五上第六单元的单元整体学习问学任务单，无论是"细节"，还是"我的感受"都是单元语文要素的训练点。单元整体问学任务单在设计时，既要有单元整体的视野，也要有对单元要素训练点

问学任务单4   五上第六单元

姓名：_____

一 学习前

◎**问自己**

我已经将本单元的课文读了_____遍，我最期待学习的是本单元的_____（内容），因为_____
_____

◎**问课文**

我从本单元自己最喜欢的课文中，找到了这样的"细节"——____
_____
我的感受是_____

◎**问同伴**
_____

二 学习时

1.《   》这篇课文，我本来觉得很平常，但现在，我的感受是
_____

2.在单元课文学习过程中，我有以下问题：_____
_____
_____

三 学习后

大家看，我可以用以下方法来梳理本单元的内容：_____
_____

的聚焦和单篇特点的关注。在学习过程中，还要引导学生将目光转向自己并不看好的课文，发现其中的闪光点，并记录自己的学习过程。这对开阔学生的思维和胸襟，掌握阅文、阅人的方法是一种无声的指引。学习后，还要求学生用自己的方法来梳理本单元的内容，在梳理中将知识结构化、系统化。

4.策略单元问学任务单。阅读策略是为实现阅读目标而采用的综合方法，是依据阅读任务来灵活确定和使用的阅读方法。策略单元问学任务单是让学生在自主悟学后，更好地将阅读的目标引向对积极的阅读态度和良好的阅读习惯的思考，并提出疑惑的学习任务单。教师通过对问学任务单中信息的梳理和分析，关注知识逻辑，进一步明确策略单元的教学目标，对学习内容进行系统规划和设计，充分彰显策略单元学习的价值，有效促进学生思维能力和阅读品质的提升。策略单元问学任务单的形式也与常见的问学任务单有所不同，其具体板块除了"问自己"与"问同伴"外，还有问课文中的阅读"提示和批注"。这一类问学任务单会聚焦每一种策略的核心要求，如"预测""提问"策略能促使学生自主参与阅读过程，形成积极的阅读态度和良好的阅读习惯。"提高阅读速度"和"有目的地阅读"则需要综合而又灵活地运用阅读方法和技能，提高阅读效率和品质等。

例如为《夜间飞行的秘密》设计的问学任务单5。

问学任务单5　　　　　**夜间飞行的秘密**

姓名：_____

◆ **问提示与批注（课前、课中）**

1.我发现有同学在课文旁边和后面提出了一些问题，每个问题提问的角度一样吗？它们分别是从哪些角度来提问的呢？
_____

2.在阅读课文的过程中，我也产生了一些疑惑，如：_____
_____
_____

3.通过小组交流，我现在又产生了新的疑惑。
_____

◆ **问反思与运用（课中、课后）**

学完本课，我能用同样的方法对《它们是茎还是根？》进行提问吗？
角度1：_____
角度2：_____
角度3：_____

策略单元问学任务单从形式上看，由"问提示与批注""问反思与运用"两大板块构成。"问提示与批注"主要是在课文"学习提示"的指引下，结合文中的批注，针对课文各部分的内容和写作特色上的难点进行提问，可以在课前问，也可以在课中问。"问反思与运用"主要是对自己阅读策略的掌握程度和运用能力的自我发问，并与同伴交流，更重要的是对自己会不会运用以及如何运用进行发问。这一板块可以在课中问，也可以在课后问，学生借助问学任务单在问中反思，在反思中运用。

无论是哪一种问学任务单，在具体使用时可以全程有侧重地使用。课前，借助于问学任务单自主悟学，大胆发问；课中，借助于问学任务单中的核心问题推进自己的学习；课后，梳理和反思自己的学习。问学任务单的使用，让学习真正成为学生自己的事。

（三）如何借助问学任务单学习

下面仅以《夜间飞行的秘密》一课的教学来具体说明问学任务单的设计依据，以及教师应如何围绕问学任务单中的问题来组织学生进行学习。

1.问学任务单的设计依据。《夜间飞行的秘密》是提问策略单元中的一篇课文。对于已经经历过两三年问学课堂学习的学生来说，中年级段的学生提出一两个问题还是比较容易的，但提问的质量和层次有待提高。

为了引导学生学会提问，课文中的辅助学习系统全方位、多角度地为学生做了示范。如文中的"学习提示"分别从以下角度为学生做示范。第一句"一位同学读了这篇课文，提出了一些问题，写在了旁边和文后"，这样可以引导学生针对"课题和内容"进行提问，并把自己的问题写在课文的"旁边和文后"（也可以称为"眉批"和"总批"）。第二句是"你的问题是什么呢？把它们写下来，和同学交流"，也明确提示了三点信息：一是要求学生照样子提出自己的问题，当然也可以有"你的问题"，可以与别人的问题不一样；二是"它们"说明可以提出不止一个问题，暗含了"多角度"；三是"和同学交流"指明了交流的对象，还引导学生思考采取什么样的交流方式，又将达到怎样的目的，为学生阅读时从多角度提出问题做铺垫。课文除了有前面的"学习提示"和旁边的"批注"外，课后思考中还有"小组问题清单"和"泡泡提示语"。教材的这个设计既有练习的作用，又有引导学生打开思路的功能。课后思考先是让学生"分小组整理问题清单，想一想可以从哪几个角度提问"，与前面的"学习提示"相呼应，然后让学生关注清单，并说说自己受到的启发，目的在于找寻提问路径，发现提问方法。"泡泡提示语"用对话的方式直接告诉学生问题清单中问题的提问角度——在对话过程中或评价，或亮明观点，展示的是对话的过程，同时也是清晰的思考过程。

这些提示和批注的样本，都是为学习提问而设计的。结合课前提示、课中批注和课后思考的教材编写意图，我们设计了上面的"问学任务单5"，引导学生重点关注，方便学生在课前根据样本提出问题，课中根据学习的进程生成新问题，为学生自主悟学、自主发现和提问提供方法和路径。

2.结合学习任务单展开学习。

（1）尝试提出问题。关于提问的角度，学生通过关注课后的"泡泡提示语"可以清楚从内容、写法和启示等角度来提问，但大部分学生对于自己在课前提出的问题的类别是模糊不清的。这也是我们接下来要对学生的提问做细致梳理的原因。

（2）观察梳理问题。我们把全班分成6个小组，每小组有5人。小组成员快速浏览组内成员的问学任务单，比较各自问题的异同。经过小组讨论，首先删去一些无疑而问的问题和自己能独立解决的问题，进而生成小组问题清单。小组问题清单经组员重新书写后通过视频展示台展示或直接张贴到黑板上展示。再用组内讨论的方法，最终筛选并形成班级问题。下面是全班6个小组提出相同问题的小组数，具体如下：

①蝙蝠是虫字旁，那它是昆虫吗？（4/6）

②无线电波和超声波一样吗？（4/6）

③科学家做了3次试验，是想弄清什么？（5/6）

④蝙蝠如何判断前方是障碍物还是食物呢？（4/6）

⑤为什么把第一次试验写得这么详细，第二次写得这么简略？（2/6）

⑥课文的题目是《夜间飞行的秘密》，为什么一开始要写飞机？课文

的题目变为《蝙蝠和飞机》，行不行？（3/6）

⑦"蝙蝠探路"的原理还可以用在生活中的什么地方？（2/6）

（注：问题⑥和⑦都是书后"问题清单"中的现成问题）

（3）把握提问弱项。此时，尽管已经过两轮删减，但问题仍然很多。从结果来看，针对课文内容提出的问题占了大多数。学生能边读边思考并提出问题，值得鼓励。如问题①~④提问的角度是"是什么""写了什么""写的目的""什么意思""什么关系""什么条件""什么环境""什么特点"等，这一类问题都指向对课文内容的理解。针对这一类问题，教师可以引导学生一边提出问题，一边尝试解决问题。例如可以借助"科学家做了3次试验，是想弄清什么？"这个问题来帮助学生把握和理解课文重点段落表达的意思。在具体教学过程中，教师既要引导学生加深对课文内容的理解，也要帮助学生巩固对内容进行提问的基本方法，为下一个环节练习从写法的角度提问奠定基础。从上面的问题清单中可以看出，刚开始，在对写法进行提问时，大部分学生往往只能从详略的角度提问，最后两个问题是课后思考"问题清单"中示例的问题。关于课文是"怎么写的""为何这样写""这样写的好处是什么"这一类问题却很少被提出。由此可见，从"写法"和"联系生活谈启示"的角度来提问是学生提问能力的薄弱点。

3.抓薄弱点搭建提问支架。对内容的提问最简单，文中的任意一句话，只要在后面加上"写了什么""什么意思"或它们之间是"什么关系"即可。如何引导学生对课文的写法进行提问，我们可以顺应学情，结合问题清单的梳理结果，留足时间，让学生尝试操作。

（1）针对内容提问的支架。在学生充分感知课文内容以后，我们可以借助课文后面的问题，即"课文的题目是《夜间飞行的秘密》，为什么一开始要写飞机？"引导学生找关键词，如"为什么要写"或"为什么写"，这是对课文内容进行提问的一个支架。学生用这个范式很快提出以下问题：

作者写了蝙蝠"无论怎么飞,从来没见过它跟什么东西相撞",为什么后面又写"即使一根极细的电线,它也能灵巧地避开"这一句?学生运用"为什么要写……?"这样的支架进行提问,借助教材中的辅助学习系统,结合课文内容,完成了属于自己的提问。

(2)针对写法和启示提问的支架。我们继续引导学生探寻文中写法的妙处,从发现"为什么写"到理解课文是"怎么写的"再到"这样写有什么好处",一步步让学生尝试自主发现并提出问题,如学生提出"作者是怎样写后两次实验的结果的""把蝙蝠比成'没头的苍蝇'有什么好处"等问题。由此,"精妙之处+为什么写(或怎么写)"这样一个从写法角度提问的支架就搭建了起来。同理,我们还可以引导学生用这样的方法搭建起"联系生活谈启示"的提问构架,例如"这个方法还可以运用在什么地方""生活中,还有哪些发明是从动物身上得到的启发",学生利用这个支架在今后的阅读过程中就能自如地从写法和启示的角度提出问题了。

4. 找落脚点实践提问策略。

(1)借课后阅读片段实践。结合《夜间飞行的秘密》的课后阅读片段《它们是茎,还是根?》,让学生尝试从不同角度提出问题。此时我们可以让学生当堂完成"问学任务单5"中的第二板块的内容。

学生通过自主阅读,在对先前提问经验的反思和梳理过程中,及时运用所学的提问策略提出问题,形成小组问题清单并根据清单筛选有价值的问题。如从内容角度提出的问题:为什么说马铃薯和藕不是植物的根,而是茎?什么是变态茎?变态茎分哪些种类?……再如从写法角度提出的问题:短文是怎样把变态茎的种类写清楚的?为什么不直接写变态茎,而是先写马铃薯和藕呢?……从启示角度提出的问题:生活中还有哪些类似的变态茎?……学习时借助问学任务单提出问题,并在提问中不断提升思维品质。

（2）借平时阅读进行提升。学生学完策略单元，并不代表学生就具备了提问的能力，就能够自如运用提问策略进行提问了。这种能力还需要在长期的阅读过程中实践运用，不断巩固提升，才能让学生的思维变得敏锐。所以我们还可以让学生自主选择文章，教师定期在班级组织学生利用"问学角"、"问学吧"（指在教室墙壁上开辟出来的供学生提问的板块）、"审思苑"（指在教室墙壁上开辟出来的供学生解答"问学角""问学吧"中问题的板块）进行这方面的练习和展示。当然，更要重视学生在平时的问学过程中借助每一课的问学任务单从不同角度提出的问题，让这种阅读策略在课内外的阅读过程中被长期使用、自觉运用，最终让学生的提问能力找到衍生点，有效促进学生阅读能力和思维品质的提升。

（四）问学任务单的补充和升级——问学展示板

1.问学展示板的产生。2021年7月，"双减"实施意见印发，这就促使我们开始思考：儿童问学课堂应该如何减轻学生负担？我们怎样在"减"的基础上提高课堂教学效率？学校也研究并出台了一些方案。语文学科，我们尝试从零起点教学开始，即首先减轻学生繁重的课前预习负担。儿童问学课堂研究团队设计了"问学展示板"，问学展示板是一种印有学校 LOGO 的可以直接吸附在黑板上展示的磁性书写白板。课中，小组内的成员可以将梳理后认为有价值的问题写在上面，并贴到黑板上供师生梳理、探究和学习。

借助问学展示板让学生在课中现场提问，实施零起点教学，对教师来讲是一种全新的挑战。用问学展示板代替问学任务单进行提问，取消了学生课前的预习和提问，教师就不能在课前对学生的问题进行梳理，就不能提前预设并进行教学设计。上课时学生才会知道当天的学习内容，所有的问题都是学生在课堂读完课文后现场提出的。教师不知道学生会往哪个方向提问，也不知道学生会提出怎样的问题。所有的问题都需要教师在课中用极短的时间迅速排序，梳理出核心问题，并转化成驱动型问题和挑战性的学习任务，这对教师临场应对的能力要求非常高。这是儿童问学课堂的新工具。

2. 问学展示板的使用。怎样在零起点教学的基础上提高教学效率？首先，教师在备课时，要把主要精力放在预设上。为了能够精准预设，教师要更全面地备学生、备教材。课上，教师要重视学生提出的每一个问题，要重视每一次课堂对话。在对话的过程中，发现问题，调整方向，设计语文实践活动，从而让学生在课堂上经历真正的学习过程。问学展示板给观摩儿童问学课堂的教师最直接的感受是真实、有效，他们看到真实的"问"和"学"在儿童问学课堂中是完全能实现的。一次，在外区一个学校进行儿童问学课堂展示，团队教师执教的内容是《读书有三到》，这是一个没有实践过儿童问学课堂的班级。课前没有让学生做任何预习，但课堂上，学生仍然生成了好多问题，教师带着学生做梳理、聚焦，然后围绕学生提出的核心问题一步步进入更深层次的学习。一堂课下来，师生达成了本课所有的学习目标。问学展示板开启了儿童问学课堂对零起点教学的新探索，它让儿童问学课堂的教学生态发生了深刻的变化。从某种程度上说，问学展示板既可以看成是问学任务单的升级，也可以是问学任务单的有效补充。它可以让学生的提问更真实，更及时，也更便利。同时，它对教师的课堂驾驭能力也提出了更高的要求。

问学展示板的另一个功能是展示学生的学习成果。如在小组合作探究时，各小组将自己的探究结果以关键词的形式写在问学展示板上。在进行成果交流展示时，学生结合关键词与其他小组分享自己的主要发现，以及发现的依据，从而方便学生进行成果展示和分享。

二 数据采集工具

信息技术和人工智能正从课程目标、资源、环境、途径、方式、手段上给教育带来重大而深远的变革。互联网、大数据、移动终端设备使得教育资源和环境发生了重大变革。各种学习资源无所不在，触手可及，无穷无尽。大数据时代，因学习的数据可被采集、存储和利用，数据在课堂中的作用也越来越重要。在儿童问学课堂中，海量学习行为的数据也是教学的重要工具。运用纸质"问学任务单"来进行数据采集有时很难满足教学的需求，我们可以利用智慧数据采集手段将学生学习行为数据进行记录和分享。儿童问学课堂的开放性和全程性，需要有更好的方式让各种教学因素对接，让师生的"教"与"学"更充分地交互和融合。其交互性、融合性为教学体系的重构、教学理念的落实、教学流程的再造和教学评价的实施提供了可能性。儿童问学课堂在实施过程中还借助新一代信息技术媒介创建并实现课前、课中、课后全程智能高效的课堂学习管理。

课堂教学数据按课堂教学场景的先后可分为课前数据、课中数据和课后数据。通过对过程数据的分析和处理，有助于我们做出教学决策，从而为更为精准的学情分析、目标确定、课堂预设、教学重难点突破和课后辅导提供依据。

（一）课前

课前的学情分析在教学过程中具有极其重要的作用。用于教学的"课前数据"是指学生课前学习教师提供的资源包，包括微课程、课件、背景资料、调查与测试等，更重要的是学生在学习资源包、任务包后产生的疑惑。儿童问学课堂的课前数据主要是通过在线问学任务单的设计和推送，并根据学生的问学反馈而完成的统计分析数据。教师通过对相关数据的统

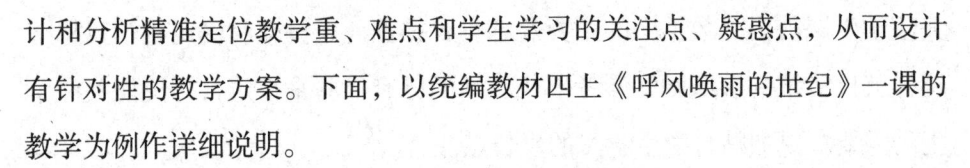

计和分析精准定位教学重、难点和学生学习的关注点、疑惑点，从而设计有针对性的教学方案。下面，以统编教材四上《呼风唤雨的世纪》一课的教学为例作详细说明。

1.学情把握更精细。课前，我们在电脑端添加或导入本课的问学任务单，然后将问学任务单在课前进行分享和推送。教学前，教师运用问学任务单主要向学生推送了以下问题：

①读完课文，我产生了哪些问题？_____。②我的问题分别是从_____、_____、_____这几个角度提出的。③我感觉自己提的第_____个问题比较有价值，原因是_____。

通过这三个问题，教师可以了解到学生在自主悟学过程中最想解决的问题、提问的角度以及当中相对有价值的问题。学生在线完成问学任务单并将自己的预习成果在线提交或截图上传。

无论学生在哪里完成问学任务单，教师都能在第一时间获得相关数据，并通过数据分析对班级学生的基本学情精准把握，这就方便教师在课堂中选用更合适的方法来激发学生的学习兴趣，点燃学生的探究热情。

2.目标设定更精准。根据课前的数据分析，教师不但能精准把握所教班级的基本学情，还能根据学情快速地确定本课的教学目标。通过对《呼风唤雨的世纪》一课在线问学任务单的统计，全班78.57%的学生提出了与课文题目相关的问题，如"什么是'呼风唤雨的世纪'""为什么人类可以呼风唤雨""'呼风唤雨'在文中具体指什么"；有65.39%的学生提出了"科学是怎样改变人类的精神生活和物质生活的"。据此，我们可以将《呼风唤雨的世纪》一课教学的其中一条教学目标确定为：结合课题"呼风唤雨的世纪"来体味课文第4自然段末句"科学在改变着人类的精神文化生活，也在改变着人类的物质生活"所包含的意思。教师可以将学生的关键之问和多样提问进行整合，并确定本课的教学目标。这个过程要关注学生课前提交数据中的主要疑惑点，并据此来调整和确定教学目标。这样就比传统的参照教学参考书或教师的已有经验来拟定目标更能关注学生的需要，更加贴合学生学习的生长点。

3. 活动预设更有效。传统的学习活动预设，教师都是根据自己既有的经验或对教材的个人理解来设计的，而儿童问学课堂因问学任务单中的数据能及时被采集、分析和运用，相关学习实践活动的预设也更为有效。

在教学《呼风唤雨的世纪》一课时，教师发现，学生提问的角度非常丰富。有针对课文内容提出的问题，有针对课文给自己的启示提出的问题，有针对课文局部提出的问题，还有针对全文提出的问题……学生的提问几乎遍及课文的每一个角落，但大部分问题的指向还是比较集中的。教师可以据此预设，让学生分组对自己的问题进行梳理和推敲，找出自己认为最有价值的问题，如"'呼风唤雨的世纪'是如何'改变着人类的精神文化生活和物质生活'的"。教师可以紧扣这个问题来精确预设教学活动，还可以对所有其他零碎的问题做到心中有数。这就使得学生关心的问题都得到了应有的回应。

儿童问学课堂运用智慧手段，根据学生课前学习的数据精准把握学情，精准进行课堂预设，精准确立教学目标，充分体现了以学生为中心的学。学生的疑惑处才是课堂的教学目标，才是教学的着力点。

（二）课中

通过对课前数据的挖掘、分析和比较，教师就能找到更精确的教学干预策略。由于学生悟学过程和学习结果的可视化，师生可以更直观地看到学习过程中的数据。在这个过程中，学生本真地展示自己并评价自己和同伴的学习，从而积极地规划自己的学习过程、方向；教师在教学过程中及时捕获有效的课堂数据，就能更好地调控学生的学习进程和带来的效果。

1. 交流互动更省时。在传统的新授课中，教师通常是根据学生现场的反应来判断学生对知识的掌握程度。儿童问学课堂在实施过程中，还可以借助智慧采集工具，随时调用学生的学习成果来点评，并让其他学生参考和反思。很明显，因为数据的实时分析，教学的进度、广度和难度已经从几乎完全由教师控制变为由师生共同控制，多重对话可以同时进行。每个学生都可以发表自己的见解并留下踪迹，师生之间、生生之间可以展开更多层次的对话，学生在课堂教学中就能获得更加愉快的学习体验。

在教学《呼风唤雨的世纪》一课时，在引导学生理解"'呼风唤雨的世纪'是如何'改变着人类的精神文化生活和物质生活'的"这一问题时，教师这样来进行。对于科技改变人们的物质生活，可以让学生联系生活中的衣、食、住、行等举例即可。但在理解"'现代科技'是如何改变人类的'精神生活'"这一问题时，学生就会感到困惑。但很快，其中一名学生通过搜索，向大家发送了以下资料："纳米科技将会改变我们的阅读方式。由于芯片集成度随着线宽不断缩小而增加，一张3寸光盘，可以储存上百万亿个字符。而且，如果使用生物纳米碳管，则储存量更大，可以达到1万亿个字符。未来某一天，现有的硅质芯片将被体积比它小数百倍的纳米管元件代替，巨型计算机小到可被随手放进口袋，而美国国会图书馆的全部信息可以被压缩到1个糖块大小的设备中。"通过这样的例子，学生很快便理解了科技将极速改变人们的精神生活。可以说从发现一个问题，到解决一个问题，整个过程因为课堂数据能够及时获取、分析和共享而变得更省时、更高效。

2. 个别指导更适时。根据上课过程中学生现场反馈的数据，我们可以更好地关注不同层次的学生的学习要求。在《呼风唤雨的世纪》一课教学快结束时，有两名学生在交流平台发送了这样的问题：科技创造了很多奇迹，但这些奇迹是如何改善我们的生活的呢？这是课文结尾的一句话。在前面的学习过程中,学生只是笼统地感受到科技创造了很多奇迹,让我们的生活发生了变化。且对于这样的问题,大部分学生是比较容易理解的。可是这个学生抓住的却是"改善"这个词,什么叫"改善"?以前好,现在更好,这是改善。教师此时让学生展开讨论。有学生举了"以前和爸爸开车去外地旅游经常因绕路而浪费时间"的例子,而现在的北斗卫星定位系统让每一次出行都变得省时又省力。教师此时顺势从平台界面向该学生推送了"中国北斗卫星定位系统"的宣传片链接。这种师生的互动,为适时有效地进行个别指导提供了可能性,也让教学活动中的问题不断生成,形成"问题链"并驱动学习朝更深处漫溯。

3. 评价提升更及时。教师还可以通过对学生课堂学习数据的记录和分析,更及时地评价学生的学习成果。在《呼风唤雨的世纪》一课教学时,运用问卷结果分析功能对学生提出的问题分类,并对问题的价值进行现场网络投票和打星,迅速形成"有价值问题排行榜"。这样,大家在最短的时间内了解到每一个问题的星级,同时通过留言评价及时反馈自己和同伴对相关问题的意见和观点。师生还可以共同评议出哪些问题更有助于学生对课文的理解,从而迅速帮助学生了解到什么样的问题更有价值。

在教学活动中,借助现代教学媒介,能够持续监控、记录和调整学习活动。最重要的是学生的共性问题和个性化问题都能得到有效回应,切实增强了教学的实效。

（三）课后

课后辅导也可以运用智慧工具进行,学生可以同步上传并分享自己的学习数据,教师可以随时查看学生的作业实践数据,并快速找到知识建构过程中的薄弱点,从而为学生推荐优质的学习资源或学习路径。

1. 课后辅导更有效。教师运用平板或手机等移动设备上的学习 APP

精准记录学生薄弱的知识点，形成个性作业记录，就能迅速找到个别辅导的方向。通过分析学生练习持续的时间、正确率、错误重复率等数据，教师遵循个别问题个别辅导、共性问题集中讲解的原则来实施辅导。学生在线提交作业后，可以实时获得客观题的反馈结果，在了解学习结果并反思学习过程的基础上，学生可以使用移动工具随时随地进行自主学习，检查差距，促进自我提升。

在《呼风唤雨的世纪》一课教学后，教师又推送了一条课后思考题："通过今天的学习，你又产生了哪些新问题？"学生提出以下问题：①文中除了引用古诗外，还引用了伯特兰·罗素的话，有什么作用？②人类之前创造了无数的神话，下一个神话是什么？③科技除了给人们带来美好的生活，会不会也能给人类带来灭顶的灾难？④文中用"忽如一夜春风来，千树万树梨花开"这一句诗形容20世纪的科技成就，合适吗？……据此，教师可以针对学生的新疑惑，尤其是其中有价值的问题进行单独辅导。这种辅导更加关注不同学生的不同层次的学习需求，从而保证了辅导的针对性和有效性。

2. 延伸拓展更丰富。在"互联网+"的时代，儿童问学课堂的学习渠道和学习资源也更加多元和丰富。课后教师还可以根据学生不同层次的需要，给他们推介更多的学习资源。帮助他们摆脱仅仅依靠教材的单一学习境遇。

在《呼风唤雨的世纪》一课教学结束后，对于学生提出的"文中用'忽如一夜春风来，千树万树梨花开'这一句诗形容20世纪的科技成就，合适吗"这一问题，可以让所有学生通过查找资料对这两句诗进行理解。学生很快发现，这个同学的质疑是非常有道理的：一是这两句诗写的是冬季下雪的情景，并不是形容某个事件多次出现。在这个过程中，学生不但理解了原文想表达的"科技成就多"的意思，还对这一句古诗进行了新的挖掘和理解。这就增加了学习的延展性，同时也激发了学生敢于从多角度进行提问的信心。有时，教师还可以让学生分组围绕一定的主题去搜集、整理资料，撰写心得、体会，让学生拥有更多的学习路径与更广的学习空间，从而让学习真正成为学生自己的乐事。

儿童问学课堂的学习管理

儿童问学课堂中也有各种形式的合作学习、体验学习、探究学习等学习活动，以发展学生的自主学习能力、主动建构能力以及创新思维能力。项目化学习视域下的儿童问学课堂也有自己的仪式感和规则，这种仪式感和规则有赖于学生对各类问学工具的使用。在具体实施时，为了让学生在正确的轨道上保持积极的学习情绪并开展各类学习，实现教学期待与实际教学过程的无缝对接，需要我们设计并运用一些管理工具，对课堂的时间和学生的学习行为及情绪进行管理。

一 时间管理：让学生充分地学习

儿童问学课堂时间管理的主要工具是小闹钟。小闹钟的使用让课堂教学的每一个环节的每一分钟都有饱满的教学任务，师生都沉浸在自由而又紧张的智力活动中。

（一）时间管理对教师的要求

小闹钟的使用关系到师生教与学的进度和效率，合理使用小闹钟能提高课堂教学时间的利用效率，调动学生的积极性，引导学生更加自觉地珍惜有限的课堂学习时间，从而减少课堂无效学习的时间。儿童问学课堂的时间管理，不但要求教学时间契合教学目标，而且要求教师与学生在时间方面保持同步。这就要求教师更充分地备课，必要时还要做一定的时间预演，学会对预设与生成时间进行有效调控。教师要在课前整体规划学生学习的时间，保证学生有充足的时间去完成由核心问题转化的挑战性学习任务。

（二）时间管理对学生的影响

儿童问学课堂通过设置小闹钟来进行时间管理，有意识地向学生灌输时间运用的观念和方法，帮助学生养成自我管理时间的良好习惯，以及灵活处理周围干扰情况的能力，纠正拖沓行为，减少有限课堂时间的浪费。时间管理还能让学生始终保持专注的学习状态。学生为解决自己或同伴的困惑，在规定的时间内充分交流，深入探究，全神贯注地投入到有限的课堂学习中，进而提高了课堂学习的效率。

（三）小闹钟的设置及原理

儿童问学课堂中设置的小闹钟，有正计时表和倒计时表。正计时主要用于记录学生的阅读和完成学习任务的速度，如在学习统编教材三下第四单元的课文时，要求学生"借助关键词句概括一段话的大意"，此时就可以用正计时表，方便学生记录自己阅读和提取关键词句所用的时间，帮助学生逐步养成快速默读和准确提取关键词句的能力。大部分学习任务采用的是倒计时表，以倒计时的形式呈现，师生精准掌控课堂的40分钟，营造出紧张、高效、高参与度的学习氛围。倒计时表充分调动了学生学习的积极性，在进行某项学习任务时，随着计时器的时间逐渐减少，学生会感到每一分每一秒都很重要，因而会更加紧张地投入到学习中去。儿童问学课堂通过时间管理，保证全体学生自主学习、交流、展示的时间不低于课堂总时间的70%，真正做到把时间还给学生。

在传统的课堂中，师生的时间感并不强，学习任务的时间安排相对随意。而在儿童问学课堂中，每个学习任务的时间不一样，例如某项学习任务的时间是4分钟，此任务的重点是"默读课文，并在问学展示板上写下自己的问题"。其时间设定的原理为：首先结合新课标中"默读有一定的速度，默读一般读物每分钟不少于300字"。"硬笔书写楷书，行款整齐，力求美观，有一定速度"。用这两项要求来预估"读""思""写"这三个任务的总时长。其次，对于每一项任务的大概时长，教师应根据学习内容的字数和各学段学生的阅读速度进行预估。第三，教师应在自我实践的基础上，再适当放宽时间，如教师读某段文字需要2分钟，那么给学生的时间应该在2～4分钟为宜。

小闹钟的使用，让儿童问学课堂呈现出一个个独立又相互关联的时间板块，把一堂课要解决的主要问题分解成几个小任务，每个小任务所用时间都非常明确。在儿童问学课堂中，师生充分利用课堂中的每一分、每一秒，从上课到下课，没有一分钟是浪费的。

二 行为管理：让学生扎实地学习

儿童问学课堂行为管理的主要工具是问学口令。问学口令是儿童问学课堂中师生共同使用的语言凝练、目标明确、生动活泼、富有节奏感的课堂管理指令。教师说出某一口令时，学生迅速接出下一句，身体立刻随着口令做出反应，并积极主动地参与到学习活动中来。

（一）问学口令的内容

问学口令短小凝练、朗朗上口、富有趣味性。在儿童问学课堂实施过程中，不同学年段，不同学科，甚至不同的学习任务都有专门的问学口令。

1. 低年段口令。小学低年段课堂的学习习惯涵盖面比较广，主要包括课前准备、读书、识字写字、爱护图书文具、课堂倾听、言语表达、自主合作探究等。根据低年段学生的年龄特点，我们以尊重与合作为基础，寻找低年段学生每个行为背后的积极意图，创编出他们乐于接受的"问学口令"，对学生良好课堂学习习惯的养成起到了促进的作用。其内容如下。

上课开始：龙江娃，会思考，爱提问，真是好。

组织学习：开口说，动耳听，用心想。

学习结束：时间到，坐坐好，学之道，要记牢。

写字姿势：头正，肩平，身直，足安。

听读习惯：耳听音，眼看字。

朗读姿势：双手捧书，书外斜。两脚平放，与肩宽。

朗读要求：字正腔圆，声声入耳。

低年段的问学口令重在培养学生课堂学习的良好行为习惯，其设计的原则有三点：一是从学生成长的实际需要出发，而不是教师单方面强制学生；二是从构建儿童问学课堂良好学习生态的需要出发，但又不能脱离低年段课堂的实际；三是要简短易记，朗朗上口。如开始上课的口令"龙江娃，会思考，爱提问，真是好"，节奏明快，充满了积极的心理暗示；"开口说，动耳听，用心想"强调学习的方法和态度，做到心、口、耳"三到"；学习结束的口令"时间到，坐坐好，学之道，要记牢"强调的是时间意识和行为习惯。"头正，肩平，身直，足安""耳听音，眼看字""双手捧书，书外斜。两脚平放，与肩宽""字正腔圆，声声入耳"则从听、说、读、写等角度提出了对行为和心理的要求，口令活泼明快，学生易于操作。

2. 中、高年段口令。

上课开始：龙江学子，善问好学。听说读写，样样都行。

组织学习：开口说，动耳听，用心想。

学习结束：时间到，坐坐好，学之道，要记牢。

朗读要求：字正腔圆，声声入耳。

读书习惯：读书三到，眼到口到心也到。

默读要求：静思－默想，圈点－批注。

默读－合作学习衔接：说停，就停，你讲，我听。

写字：姿势正确，书写美观。

中、高年段的问学口令也力求简洁明了，工整流畅。课中，师生运用口令，对答默契，教师口令一出，学生齐声回应。问学口令更加规范了儿童问学课堂的教学秩序，提高了教学效率。中、高年段的问学口令涉及了听、说、读、写、思等的学习习惯的养成以及对学习活动开始与结束时的要求。开始上课的口令"龙江学子，善问好学。听说读写，样样都行"，目的在于实现从课间的兴奋游戏状态到学习准备状态的调整，为进入课堂学习做好准备，这当中还包含着对学生学习品质的期待；学生默读课文时的口令"静思－默想，圈点－批注"，既是对学生自己进入学习状态的提醒，也包含默读方法和要领的提示，为学生快速进入自主探学提供保证；与读书相关的口令，分别提示了对朗读的要求、默读的要求；合作学习结束时"时间到，坐坐好，学之道，要记牢"的口令，能够让学生快速、有序地进入下一个学习环节，为汇报和交流个人或小组的学习成果做准备。

（二）问学口令的价值

问学口令可以引导学生遵守课堂秩序，形成良好的学习习惯，长期有技巧地使用，还会让学生在学习活动中逐渐形成一种比较稳定的行为方式。

1. 培养好习惯。学生的学习行为有被动性行为、自发性行为、自觉性行为和自动性行为这四个层次。儿童问学堂在实施过程中，反复使用问学口令，让学生进行学习准备、学习启动、学习开展、方法操作等行为的锤炼，引导学生上好课，读好书，写好字，逐步养成相对稳定的、自动化的学习行为习惯。

2. 提高自主力。儿童问学口令的使用有三个层次：一是教师引导学生齐呼，学生被动执行口令；二是没有教师引导口令，学生脱口而出，并能基本执行口令；三是学生内化了口令，能自主地运用口令进行学习。在儿童问学课堂中，从低年段到高年段，学生年龄越大越能自主执行口令，自主完成学习任务并进行自我反思总结。

3. 提升学习力。学习力是学生未来竞争力的核心，专注力是学生学习的基础，思考力是学生解决问题的关键。问学口令使用的根本指向是学生学习力的形成，让学生在学习的全程中保持高度的专注，专注地自主悟学，专注地提出问题，专注地思考问题，专注地解决问题，在这个过程中不断提升自己的学习力。

4. 增强自信心。在儿童问学课堂的实施过程中，学生的自信心也普遍得到增强。问学口令响亮有力，且易于上口，齐呼时聚精提神。即使是最腼腆的学生，在呼喊口令的过程中身心也会受到感染，并感到振奋，此时，学生的学习热情会充分地被激发，良好的习惯会被定型，自信心也会不断得到增强。

（三）问学口令的使用注意点

1. 及时评价。当学生能在问学口令的引导下积极做出正确的回应，并及时调整自己的课堂学习行为时，教师要对学生的行为进行适时评价，尤其注重以肯定与赞美来正面激励。努力让学生把运用问学口令当作一种常态化的学习行为，及时调整学习过程中被动消极的状态。问学口令为学生取得良好的学习效果和养成良好的学习习惯提供了保证。

2. 使用有度。问学口令的使用要适度，并非越多越好。如刚上课时为了让学生尽快进入学习状态时，再如课中学习活动结束后需要安静下来时，就有必要使用问学口令促使学生调整自己的行为和精神状态。其他时间可以根据需要使用。对于已经形成良好习惯的班级，甚至可以选择只在必要提醒时才使用。问学口令不追求课堂的热闹，而是一种使学生的课堂学习行为改变的手段。儿童问学口令的数量要合理，内容要精练，要避免课堂充斥大量口令的极端。

3.常用常新。问学口令的长期使用能使学生产生一种良性的条件反射，利用积极的语言明示，督促学生养成良好的学习习惯。为了更好地发挥其作用，学校也应该分阶段，定期对各年段的问学口令的内容和操作要求进行完善和更新。可以广泛地听取师生的意见，对问学口令的内容、韵律做调整，以便更好地运用问学口令强化学生积极良好的学习行为习惯。

三 情绪管理：让学生快乐地学习

在儿童问学课堂的实施过程中，教师经常会采用多种方法激发学生的学习兴趣，通过环境创设、全程关注和评价等手段促进学生积极学习情绪的产生。

（一）情绪管理的内涵和作用

情绪管理是指个体或群体通过对自身情绪和他人情绪的认识、协调、互动、控制来培养驾驭情绪的能力，确保个体和群体能保持良好的情绪状态。儿童问学课堂中的情绪管理是教师从尊重人、发展人、完善人的角度出发，为提高学生对情绪的自觉意识和控制能力而采用多种方式让学生在学习过程中建立、维持良好的人际关系，并运用自我激励的方法让自己始终以一种积极的学习情绪完成学习任务，实现知识建构和能力提升的课堂管理方式。

高效的学习者往往会自主构建并在积极的情绪中完成思维和决策，与挑战性学习任务相匹配的学习情绪能让学习者更高效地完成学习任务。换句话说，没有良好情绪的有效参与，学生的学习效果会大大减弱。因为缺少了良好情绪的支撑，学生就会对所有的学习过程和结果保持一种冷淡或无所谓的态度，很难会因自我觉醒而产生改进的冲动。情绪伴随着学习的全过程，它既影响当前的学习活动，也会对学习者未来的学习产生深刻的影响。

（二）促进积极情绪产生的策略

1.环境创设。在儿童问学课堂的实施过程中，教师要为学生创造有利于产生积极学习情绪的学习场域或环境，尤其是良好的心理环境。在学生自主悟学过程中，教师要简化学习要求，清晰地传达学习要求，不以过多的要求来束缚学生自我关注和自我发问的视角；在学习过程中，教师要给学生充分的学习时间和空间，给学生自我表达和创造性表达的机会，不以单一的结论来封闭学生的思维；在项目的实施过程中，让学生自己安排学习的流程，并允许他们根据新变化调整方案；对于同伴提出的问题或成果展示，教师还要引导学生给予尊重、体谅和赏识，让交流展示者获得一种成就感和幸福感。这就使得同伴之间在交流分享的过程中形成更为牢固、更为亲密的学习共同体，这也有助于学生保持一种积极的学习情绪。

2.全程关注。在儿童问学课堂的实施过程中，教师会持续观察并深入了解学生在每一阶段学习的情绪状态，为学生及时排忧解难。如教师会以明察秋毫的眼神观察每一个小组的学习进展情况，引导学生更专注地学习，更投入地实践。在儿童问学课堂的实施过程中，教师以从学生的问题中提炼出的核心问题引领学生逐步对学习内容、学习步骤、学习任务等进行自主安排和实践，从而让学生自觉保持高度的注意力。无论在课前、课中，还是在课后，教师非常善于关注学生的问题，关注学生不断变化的想法和解决问题的方法，且能让学生全程做到有兴趣、有耐心，从而一直能处于一种积极的学习情绪当中。

3.及时调节。在儿童问学课堂的实施过程中，教师在布置有挑战性的学习任务或作业时，常常关注任务的层次和作业的难易度，从而保证学生能始终保持自信和积极的学习情绪。在设计挑战性学习任务时，教师时刻注意难度适中、形式多样，甚至会让学生自己商定。同一个学习任务，允许学生有不同程度的达成。这些都让学生在学习时有充分的自由，但这种自由也需要教师的适时介入和及时调节。如在突破核心知识的难点时，教师可以用领导型互动的形式引导学生保持注意力的高度集中。而在一些简单任务的完成过程中，则以学生自主型互动的形式为主，给予学生自由、自主的空间。在具体的教学过程中，教师应能结合学生的学习质态及时调整方案和教法，保证学生始终能保持积极的学习情绪。

4. 评价激励。学生的情绪管理影响到完美人格的塑造，也影响到自身社会意识的形成以及人际交往能力的发展。儿童问学课堂还通过评价激励的方式促进学生保持积极的学习情绪。对学生提问、交流、探索、想象、解决问题等过程的评价，教师总能关注其典型行为和关键表现，从而让学生在自我认知、自我管理、同伴交往、负责任地决策和表达等方面不断提升。例如"××同学的提问，体现了他探究课文的独特视角，这个问题很关键"是对学生提问能力的评价；如"××同学刚才在认真听取了同伴意见的基础上，又提出了自己的建议"是指向学生"同伴交往"能力的评价；"××同学刚才的观点都可以从文中直接或间接找到依据"是指向学生"负责任地表达"的能力的评价等。通过评价促进学生不断认识自我，发掘潜能，保持自信和积极的情绪状态，为学生的全面发展提供持续的支持。

儿童问学课堂的学习评价

儿童问学课堂中的评价强调"问—学—教—评"一体化意识，是学生的问、教师的教、学生的学和学习的评的协同配合，是一个融通的整体。儿童问学课堂中的评价关注学生在每一学习阶段的重要表现，评价学生在学习过程中表现出的问的水平、学的态度、参与程度及其学科素养发展的水平。

一 "问—学—教—评"一体化的意蕴

"问—学—教—评"一体化是儿童问学课堂实施过程中基于学生核心素养提升的要求，并在《义务教育语文课程标准（2022年版）》理念引领下的一种评价方法。它通过对学生之问的梳理和评价，使学生之问成为围绕核心知识层层递进、环环相扣的问题；通过对教的评价，促进教师用引导性问题将核心知识在真实的情境中自然呈现，训练并提升学生的创新性思维、批判性思维、逻辑性思维和实践性思维；通过对学习的评价来引导学生以问题为主线，围绕核心知识，进行持续的、层层递进的学科实践活动，逐步培养学生的正确价值观、关键能力和必备品格；通过对学习效果的评价来客观呈现学生在知识体系建构和思维能力发展过程中的整体水平。

二 "问—学—教—评"一体化的特征

儿童问学课堂项目化实施过程中的学习总是由学生的问题开始，并在不断解决问题和生成新问题的过程中推进。在这个进程中，学生在教师的引导下，在真实的情境中综合运用学科知识、观念、方法不断完成知识和思维的建构，最终实现核心素养的提升。

（一）导向性

"问—学—教—评"一体化评价以学生的素养提升为导向，强调在学习过程中，从学生的学习态度、参与程度和核心素养的发展水平等维度观察、测量、评价，并将之贯穿于学习实践活动的始终。如为了增强过程性评价的信度和效度，教师需要在教学过程中收集与学习内容相关的数据，关注学生在学习过程中的重要表现，并借此进行分析和描述，做出价值判断。学生的学习效果受诸多因素影响，最关键的是智力因素和非智力因素。儿童问学课堂的学习评价在关注智力因素的同时，更重视对非智力因素的评价，如对学生学习兴趣、态度、动机、方法等的评价，这是学生掌握知识的动力，对学生的成长有深远的影响，体现出学科育人的素养导向，有助于教师调整自己的教，有助于教师全面地分析和诊断学生的学，有助于学生全面地认识和了解自己，以进一步提升学习效果。

（二）全程性

儿童问学课堂的全程性首先体现在其学习是围绕一条主线——学生的问题来展开的学习。学生的问即课堂学习的方向，教指向的是学生围绕核心知识提出的问题，学是为了解决学生提出的问题，评是对学习过程和学习目标达成度的评估。当学生之问有了，清晰具体的学习目标也就有了，紧接着就是根据学习目标设计学习活动，并引导学生开展学习活动。在学习过程中，师生全程对照学习的目标，对学习过程和结果进行评价。这种全程性还是嵌入式的，它是与学习的过程同时发生的，是及时跟踪式的评价，是从学生问题的生成和转化，到学习目标的确定，再到驱动型任务的生成、学习活动的开展和学习结果的呈现的全面评价。

(三) 多样性

从评价内容来看，儿童问学课堂的过程性评价还具有多样性的特点。既包括对问学工具使用的评价，也有对学习态度和学习方法的评价，还有对学习效果和学习反思的评价。从评价主体来看，儿童问学课堂的评价强调主体的多元性。学生、任课教师、学校管理人员、班主任、家长等都可以参与过程性评价，教师要针对不同评价主体、不同评价内容，选择恰当的评价方式，设计适切的评价工具，以支持不同评价主体从不同角度进行评价反馈，从而促进学生的学习、反思和建构。在组织学生自评或互评时，还要关注其个体的差异，通过全员参与评价，把学生之间的差异转化为学习资源，从而实现每一位学生的自我发展。

(四) 整体性

儿童问学课堂"问—学—教—评"一体化的评价注重通过对问题质量、情境创设、活动设计、成果展示等的整体性评价，鼓励和激发学生学习的积极性，给学生提供源源不断的学习动力。在具体评价时，这种整体性体现在：一是学科的整体性，要对学生综合运用多学科知识，解决实际问题过程中的表现进行评价，特别是对其情感态度和语言能力进行评价；二是要关注校内外的整体性，要对学生在校内外的语言发展情况进行评价，尤其要关注学生在家庭生活和社会生活中的表现，关注学科学习与学生生活的密切联系。

(五) 针对性

儿童问学课堂的过程性评价让学生在学习的过程中既有一种成功的获得感，也有明确的方向。评价语言要有激励性，更要有针对性。教师要选择科学的评价方式。可以运用课堂观察、对话交流、小组合作、汇报展示等方式进行评价，激发学生的学习兴趣。教师要能够针对同伴的评价进行再评价，提出针对性的指导意见，引导学生内化评价标准、把握评价尺度，在评价中学会评价。在课堂互动中，教师要关注学生知识基础、认知过程、思维方式、态度情感等方面的表现，并给予针对性指导。

三 "问－学－教－评"一体化的设计与实施

在儿童问学课堂的实施过程中，为让学生更好地在问中学，在学中问，并在环环相扣的问题链中形成认知新图式和思维新体系，依据"问－学－教－评"一体化的理念，我们制定了儿童问学课堂的评价体系。

儿童问学课堂评价的目的不仅是对过程性数据进行评判，还包含对问与学、教与学的过程的反思和调控，以改进师生的教与学。我们依据儿童问学课堂实施的情境，根据课堂实施过程中问学工具使用的效果、学生问题转化的质量、围绕驱动型问题设计的学习实践活动及其学习成果的展示情况等，制定了儿童问学课堂的管理评价表。如评价表1。

评价表1：儿童问学课堂管理评价表

序号	评价项目		评价内容及要素	权重	得分
	一级指标	二级指标			
1	问学工具	问学口令	教学口令正确，问学口令使用贯穿始终；口令运用熟练，使用时机恰当，对学生起到引导、激励、督促和自我强化等作用。	5	
		小闹钟	依据学习任务，小闹钟时间设置合理。课堂上学生自主学习实践时间不少于25分钟。小闹钟使用熟练，能让学生在规定的时间内专注地完成学习任务。	5	

（续表）

1	问学工具	问学展示板	课堂上能使用问学展示板展示学生的精彩问题或学习成果。	5	
2	问题转化	问题梳理	能带领学生就问学展示板中的问题进行梳理，能关注学生关心的主要问题；能将学生的问题与单元要素或核心知识的学习巧妙结合。	10	
		问题解决	能带领学生梳理出核心问题，并将核心问题转化成引领学生探索的驱动型问题。能引领学生运用多种方法解决问题。	10	
3	情境任务	情境创设	能就上课主题创设真实而有意义的学习情境，激发学生的学习愿望；创设的情境能让学生进行角色体验；能帮助学生转换角色去思考问题、探究问题、解决问题。	10	
		活动设计	能根据学生的学习需要、生活需要设计学习活动；能根据上课内容设计富有挑战性的学习任务或生动的活动，且任务明确，任务之间呈现层级递进。	25	
4	成果展示	参与程度	学生能积极、主动参与各项学习活动，并主动展示自己的发现和学习成果。参与面广，教师尤其能注意鼓励"少数学生"的积极参与。	15	
		展示效果	学生展示的成果内容丰富，形式多样，有自己的独特的发现；相关成果能引起同伴的共鸣和思考。	15	
总体描述				总分	

该评价表既关注到儿童问学课堂中问学工具的使用，也关注到学生问与学的活动质量，还关注到教师在课堂中的主导作用。

（一）对问学工具评价

儿童问学课堂的评价首先关注的是对显性的问学工具的评价，儿童问学课堂的显性工具主要有问学口令、小闹钟和问学展示板三种。

问学口令是指在儿童问学课堂中师生共同使用的语言凝练、目标明确、生动活泼、富有节奏感的课堂管理指令。教师说出某一口令时，学生迅速接出下一句，并且身体立刻随着口令做出反应，积极主动地参与到学习活动中来。通过对问学口令的使用程度的评价促进学生自我调整课堂学习状态。

儿童问学课堂通过设置小闹钟来进行时间管理，有意识地向学生传输时间运用的观念和方法，帮助学生养成自我管理时间的良好习惯，以及灵活处理周围干扰情况的能力，纠正学生的拖沓行为，减少有限课堂时间的浪费。儿童问学课堂通过对小闹钟使用的评价，有效促进教师加强时间管理，从而使学生全神贯注地投入到有限的课堂学习时间之中，进而提高课堂学习的效率。

儿童问学课堂还通过对问学展示板使用情况的评价，促进师生更好地利用问学展示板提出问题和展示学习成果，更清晰地展示学生的思维过程和他们的独特发现。

（二）对问学活动的评价

儿童问学课堂"能级评价表"依据学生在学习过程中诸如核心问题的提出、项目目标的达成、学习活动的开展、成果展示的质量、梳理反思的力度等方面的不同表现进一步量化，并将其分成种子级（C）、领衔级（B）、卓越级（A）三个能级。主要关注学生学习的独立性、知识和思维的建构、有依据地表达以及反思运用等多方面能力的提升。如评价表2。

评价表2：儿童问学课堂项目化实施学习能级评价表

评价项目	水平划分与描述			评价结果
	种子级（C）	领衔级（B）	卓越级（A）	
核心问题	能提出与学习内容（主题）相关或相近的开放式问题。	提出的问题与学习主题高度相关，可以转化成驱动型问题；每周提出此类的问题不少于1次。	提出的问题可以直接转化成驱动型问题，供同伴辨析、探究、应用；每周提出此类的问题不少于3次。	
学习目标	学生应该知道和做到的内容。	学生应该知道和做到的，并能产生新认知。	思维技巧有所提升、知识有所增加，能通过查找、运用资料（资源）达成对所学内容的深刻理解，并能改变自己的思考和行动方式。	
学习活动	能独立或与同伴就与学习主题相关的一般问题进行探究和学习；能提出与学习主题相关的建议。	能独立或与同伴就与学习主题相关的一般问题和具体问题进行探究和学习；提出的建议是有依据支撑的，并与学习任务高度相关。	能独立或与同伴就与学习主题相关的一般问题、具体问题、来源问题和拓展性问题进行深入讨论研究；提出的建议有证据支撑，并能解释本建议的合理性及效果；能清晰地表达新旧知识的内在联系。	
成果展示	能完成与学习主题相关的项目展示，可以是小组的探究发现，也可以是小组成果中个人的贡献部分。	能进行与学习主题相关的项目成果展示，可以是自己的探究发现，是自己独到的、完整的发现。能理解小组成果的整体架构，说清自己的成果与小组完整成果之间的内在关系。	能进行与学习主题相关的项目展示，包括自己的研究发现。能为自己和小组的成果展示做整体架构，并独立完成或指导组员完成成果展示；能对在展示过程中其他小组的质疑提出应对策略。	
梳理反思	能对学习的结果进行简单的反思和梳理。	能对学习的结果进行认真反思和梳理，并能对项目实施过程中的一些细节提出完善的建议。	能对学习的结果进行细致反思和梳理，总结得失，并能对项目实施过程提出不同的做法，且说明原因；能将成果展示的改进措施运用到下一次成果展示过程中。	

对于"问题的提出",既要关注学生提问的角度,还要关注学生提问的质量。对问题是否有质量的评判应扣住以下几点:一是有没有方向,即有没有围绕学习的主题来提问;二是问题有没有层次,有没有内在逻辑;三是问题能不能引起同伴的学习兴趣,并引发深度思考;四是问题可不可以被转化,可不可以被迁移,比如转化成课堂的学习项目;第五是提出高质量问题的频率,频率越高,提问的能力就越强。

对于学生提问水平的情况描述,我们还可以将其分为以下五级水平:一是敢于提出问题的水平;二是简单模仿的水平;三是自主悟学后提出问题的水平;四是带着问题学并在学中产生新问题的水平;五是能在融会贯通、深思熟虑后提出有价值的问题的水平。这五级层层递进,一级比一级具有难度。教师可以通过对学生每一个阶段的提问水平和学习水平的过程性关注和综合性评定,评价学生问的水平和学的效果。

(三)对任务推进的评价

在"问—学—教—评"相一致的课堂里,清晰具体的教学目标是通过学生完成具体的学习任务来达成的,完成挑战性学习任务则是通过具体的教学活动来实现的,而实现成效怎样即达成度如何,又必须依赖对标性的评价来确证。因此,学习目标应分别对应由核心问题转化成的驱动型问题和由驱动型问题生成的挑战性任务,以及为完成挑战性任务设计的多样化的学习活动和适时适度的教的活动。如评价表3。

评价表3：任务推进评价表

学习目标	学习任务	教学活动
目标1：由核心问题转化成的驱动型问题	学习任务一：驱动型问题转化的挑战性学习任务	多样的学习活动
		适时、适度的教的活动
目标2：由核心问题转化成的驱动型问题	学习任务二：驱动型问题转化的挑战性学习任务	多样的学习活动
		适时、适度的教的活动
目标3：由核心问题转化成的驱动型问题	学习任务三：驱动型问题转化的挑战性学习任务	多样的学习活动
		适时、适度的教的活动
……	……	多样的学习活动
		适时、适度的教的活动

教学活动与学习任务是对应的，学习任务是紧扣教学目标的。学习目标的数量决定了学习任务的数量。为完成学习目标，教师应设计多样的学习活动，并引导学生在学习的过程中完成知识和思维的建构。学习活动中的每一个板块既相对独立，又相互关联，层层递进。几个板块可以并列横向展开，也可以纵向递进深化，还可以交叉环扣而互相促进。评价时分别对各阶段的任务和目标的完成情况进行评价，有效地促进学习向纵深处挺进。学习任务要促进学生深入自主地学习，促进学生相互交流，并在交流互动中充分显现自己的思维过程，并在反思中不断地修正自己的认知结构。

（四）对小组合作和展示的评价

在儿童问学课堂实施过程中，为了对学生合作和成果展示进行评价，我们还可以将其过程表现进一步细化。如评价表4。

评价表 4：儿童问学课堂小组合作和展示评价表

组别		组别		
评价角度	评价标准	自评	小组	教师
参与度	1. 主动搜集、整理，并筛选材料。	☆☆☆	☆☆☆	☆☆☆
	2. 积极，有合作精神。	☆☆☆	☆☆☆	☆☆☆
成果及展示效果	1. 内容丰富，形式多样。	☆☆☆	☆☆☆	☆☆☆
	2. 能结合自己的生活来展示。	☆☆☆	☆☆☆	☆☆☆
	3. 有自己的理解和独创性。	☆☆☆	☆☆☆	☆☆☆
	4. 展示时自信、大方、得体。	☆☆☆	☆☆☆	☆☆☆
	5. 展示能引起大家的共鸣。	☆☆☆	☆☆☆	☆☆☆
	6. 其他_____。	☆☆☆	☆☆☆	☆☆☆

在合作和展示过程中，教师会让学生以不同的方式展示学习成果，并尽可能让所有的学生都有展示的机会。展示前，教师把评价成果展示活动的标准告知学生，让学生在准备展示的过程中适时调整活动方案。在展示时，教师通过与展示的学生或台下的学生进行随机交流，引导学生把展示过程或看展示时的感受和收获说清楚，并依据评价标准用恰当的语言对展示的进程和效果做出评价。儿童问学课堂的过程性评价还重视学生对学习经验的体验和成果分享的体验，有助于学生对知识的梳理和对学习过程的再认知，促进知识、能力、方法等在学习进程中不断地被结构化和迁移运用。

儿童问学课堂在实施过程中，通过对各个环节的评价和引导，有效提升儿童问学课堂的运行质态，促进学生在问学过程中最大化发展。

下篇 实践探索

第五章
现代文教学

借助问学任务单，自然生成驱动型问题
——以《珍珠鸟》教学为例

学生的问题是儿童问学课堂的学习起点，儿童问学课堂的实施的初始环节是让学生借助问学任务单对学习内容进行提问并将学生的问题转化成有效的驱动型问题。驱动型问题基于学生的提问，师生共同对学生的提问进行梳理、提炼，并将其转化成与核心知识相关的有强劲驱动力的问题来引导学生展开真实、持久的语文实践活动，从而在持续的语文实践活动中建构知识体系，促进学生语文核心素养的提升。

一 课前提问：核心问题的梳理

课前学生通过自主悟学并提出疑问，这是儿童问学的开始。学生课前的思考借助问学任务单呈现，课前的主动思考体现了儿童的问题意识。这种问题意识是儿童思维的源头，也为学生的进一步学习探究提供内驱力。

（一）自主问学，找寻学习的起点

课前提问的主体是学生自己，学生在主动学习过程中产生疑惑并向自己、向课文、向同学发问。这是儿童问学课堂区别于一般"问题课堂"的一个重要特征。在教学《珍珠鸟》时，课前学生通过问学任务单从关键词句入手，向自己、向文本、向同学发问：

（1）文中我想提醒同学的词语是_____（□音_____ □形_____ □义_____）。

（2）课文中我最难理解的一句话是：_____ 我的初步理解是_____。

（3）读了课文，我还想问：_____

结合课前学生在问学任务单中的提问，教师就能梳理出学生学习这一课的主要困惑是对"信赖不就能创造出美好的境界吗？"这一句话的理解。这是学生关心的核心问题。

（二）课前谈话，拉近师生的距离

借班上课，面对陌生学生，如何削减生疏、增进感情尤为重要。此次活动的主办方南京市栖霞实验小学制作了会务手册，封面的标语是"秋天，我在栖霞山等你！"。课前，教师无意看到，遂与学生做以下交流：

师：（投影）同学们，这是本次活动的宣传册，封面上的这句话，我感觉很有诗意，谁来为我们读一下？

（生读）

师：这句话中的"我"包含"你"吗？

生：是的。

师：是你们吗？

生：是。

师：那你们在等谁啊？

生：等你。

师：还等谁呵？

生：台下的老师们。

师：刚才我只感到有诗意，现在我还感到一种温暖。那你们等的人都来了，跟他们打声招呼吧！

（生与老师们挥手问好）

师：老师有一个疑惑，现在是12月，已是冬天。是不是学校不小心把字打错了？为什么是"秋天"而不是"冬天，我在栖霞山等你"？

生：我认为没有，可能是秋天的时候就已经将这个会务手册做好了。

生：我认为我们学校从秋天就开始等你们，一直到冬天才把你们等来了。

（鼓掌）

师：哎呀，现在我再看到这句话，不仅感到一种诗意和温暖，还有一种深深的感动和荣幸。

借助特定情境进行问题式交流是激发学生情感，拉近师生的心理距离的有效方法。教师可根据上课的真实情境，如课前的所见、所闻、所感来自然地设计课前交流，调动学生的积极情绪，激发学生的想象力。让学生在问中交流，在问中拉近师生之间的情感距离，为学生进一步学习打下良好的心理基础。

二　课中提问：驱动型问题的生成

核心问题在分解和转化的过程中也会伴随着学生的思维激荡和提升，课中的学习就是将课前学生提出的核心问题分解或转化成驱动型问题，为学习活动的进一步推进奠定基础。

（一）核心问题的分解

核心问题往往过于抽象而让学生无从下手，在真实而复杂的教学情境中，我们应想方设法引导学生突破这种困境。

对于核心问题，教师首先要努力引导学生进行细致考量和有效分化。例如本课的核心问题即"为什么信赖就能创造出美好的境界呢"。大部分学生都提出了这个问题，足以说明学生们在理解这个句子的初期是无从下手的。于是教师提醒他们，要想理解这句话，先要抓住句中的关键词语。学生很自然地找到"信赖"和"美好的境界"两个关键词（短语），于是核心问题就被分解成两个驱动型问题，即"信赖是怎样产生的？"和"'美好的境界'指的是什么？"。这样学生再理解和把握就简单多了，核心问题也因分解而更有层次，也更易于让学生找到解决问题的入口。

儿童问学课堂的"学"是学生发现问题、提出问题的"学"，学生用自己的分析与思考，寻找到学习的脉络。教师通过引导学生对核心问题进行有效分解，自然生成驱动型问题，就能制订出贴近学生思维发展的教学方案。

（二）驱动型问题的转化

问题是连接教材与学生思维的纽带，同时也是培养学生理性思考、开放意识的推进剂。学习的中心是问题的发现、提出和解决，学习是问题不断被发现和持续被解决的过程。

刚才的核心问题被分解成两个驱动型问题：一是信赖是怎样产生的，二是"美好的境界"指的是什么。"信赖是怎样产生的"这个问题对于四年级学生来说仍然比较抽象，于是教师尝试对这个问题进行转化，让它更有驱动性。狄更斯曾有过关于"信赖"的表达，即"信赖是对别人连续性的相信"，于是教师让学生先说说狄更斯的这句话放到文中怎么理解。学生们说是"小鸟对作者的连续性相信",最终问题便转化成"可否找出文中小鸟对人连续相信的句子",学生们很快找到了小珍珠鸟对人逐步相信的句子,这样就有效地转化并解决了问题。

无论是分解还是转化,都是为了帮助学生更好地解决问题,更为重要的是在学习的过程中,学生能不断产生新的问题,形成"问题链",从而保证了思维的连续性。

(三)驱动型问题的解决

学生的自主学习是在驱动型问题的引导下层层推进、不断提升的探究过程。学生在主动思考的前提下,把对知识、生活、生命产生的深刻共鸣通过语言分享给同伴,在此过程中,解决了问题,提升了思维。

1.语言是思维的外壳,思维是语言的内核。对于"'美好的境界'指的是什么"这个驱动型问题的理解,学生通过寻找、发现和对话,产生了自己的观点。

生:我认为是第6自然段描写的画面,因为这个画面很出人意料。

师:从哪里可以看出?

生:小鸟很怕人,现在它居然在主人肩头睡着了。

师:哪个词给了你这样的感觉?

生:从文中"居然"和"竟"这两个词都可以看出来。

师:说得好。这两个词的确给人"出人意料"的感觉。我们也可以试一下,文中有两句话:它睡得好熟呵!不停地咂嘴,大概在做梦呢?你们可以将这两个词添加进去吗?

生:它居然睡得好熟呵!竟不停地咂嘴……

师:看,用了这两个词就有了出人意料的感觉。那这里作者为什么没有用呢?

生：因为前文已经用过了，再用就重复了。

师：对，这就是语言表达形式的多样化……

生：我认为是第5自然段，这里写了小鸟想陪我，父母叫不回的画面，很感人。

师：你的表达很简洁，《弟子规》中有"父母呼，应勿缓"，而在这里，父母再三呼唤小鸟也不回，可见——

生：它和作者多么亲密呵！

生：它对作者多么依赖呵！

师：读到这里，我也很感动：父母笼中盼子归，千呼万唤儿不回。只因主人太偏爱，全然忘却《弟子规》。让我们再次齐读这一段。

语文是开放型学科，每一次预设，教师都应给予学生充分表达的机会。歌德说："内容人人看得见，含义只有有心人得知。形式对于大多数人是一个秘密。"语文教学的使命就是帮助学生关注并探索文本的秘密。鼓励学生围绕驱动型问题勇于表达自己的观点，加深学生对语言的形式之美和内容之美的深度理解，甚至能用开放的视野完成富有思辨性的对话。

2.两种生活的选择。无论是"教"还是"学"，有思辨才有深度。教师应借助学生已有的学习成果，将已有认知转化成新的驱动型问题，引导学生去思考与辩论，从而让他们的思维不断被激荡。

师：如果你是鸟儿，你是希望过着如文中"小鸟依人"般的生活还是既能"上青天"又能"鸣翠柳"的生活呢？

生：如果我是鸟儿，我想继续与主人一起生活。主人即使还我自由，我也不走，主人对我那么好……

生：如果我小鸟，希望主人给我自由。因为我的家就应该在大自然里。

生：如果我是小鸟，一定要飞出去，为了自由，哪怕受伤害，我也不在乎。

生：我有点矛盾。放我走，我可能已适应不了大自然的考验；留在此，衣食虽无忧，却没有了自由……

就学习而言，想象、思辨、自主表达比掌握一个知识点更加重要。尤其是通过思辨性的驱动型问题引导学生进行质疑批判和个性表达，在此过程中帮助他们关注人与自然、人与人、人与社会的关系，并在表达中发现新问题、提出新观点、探寻新规律。

三 课后：驱动型问题的延伸

要让语文教学产生更好的效果，教者还需要进一步开放学生的视野，以驱动型问题来延展学生的学习，从而帮助学生享受更为丰富而美丽的语文。

（一）由单篇到单元

统观现行的小学语文教材，都比较注重单元的整体设计。教师在教学时应努力帮助学生将眼界从单篇转向单元，甚至更广，从而以驱动型问题有效引领学生进入主题式学习。师生通过对单元主题的深思、理解来充分挖掘更丰富的课程资源。单元中的每一篇课文并不是独立的，它们之间存在千丝万缕的联系。单元教学收尾时，教师可以用启发性的问题帮助学生建立起单元内外学习内容的联系，从而提升学生的认知高度，让学生在不断思考探索中挖掘自身潜能，激发高阶思维并形成系统观点。

（二）由单元到群文

新课标中提出"要多读书、读整本书，注重阅读引导，培养读书兴趣……拓展语文学习空间，提高语文学习能力"。小学语文教学，应该有着宽广的视野和丰富的内容。努力引导学生围绕与驱动型问题相关的同一主题进行群文阅读，并在这个过程中享受语文学习的乐趣。本单元教学结束时，教师为学生们推荐了余秋雨的《信客》、韩非的《曾子杀彘》以及诸子百家言论中的相关名言。群文阅读在增加学生阅读广度的同时，还提升了学生的思维力，尤其是让学生以更开放的姿态和宏大的气度去接受各种有价值的文化。

问题是学生学习的桥梁和纽带，问题可以由教师提出，更主要的是让学生自己发现并提出。教学过程中，将学生提出的问题自然转化成驱动型问题，并以驱动型问题来引领学生表达与交流、梳理与探究，努力把驱动型问题变成学生思维发展的动力。以问启思，层层递进，使学生在分析问题和解决问题的过程中拉大思维的长度，拓展思维的广度，并在积极的语文实践活动中完成语言和思维的双重建构。

巧用问学展示板，现场拟定挑战性任务
——以《十六年前的回忆》教学为例

儿童问学课堂中的"学"是学习者主动发问、探求、辨别、深层加工并完成自我建构的过程。在儿童问学课堂中，学生不断产生问题，并连续解决问题，学习便是在这种"问"和"学"的过程中不断走向深化。在儿童问学课堂实施过程中，问题起着引领作用，没有问题的引领，学习就会失去方向。课中学生提出的问题通过问学展示板向教师和同伴展示。教学时，教师以学生的问题为引擎，现场拟定挑战性学习任务，引导学生围绕挑战性学习任务深入思考，细致分析，潜心会文，从而让学习不断走向深入。以下仅以《十六年前的回忆》一课的教学为例，说明教师该如何现场引领学生对自己所提的问题进行梳理与归类，并在此基础上形成富有挑战性的学习任务。

一 回顾旧知，梳理问题理思路

如在学习《十六年前的回忆》时，问学展示板中问题如下：①为什么父亲这次的回答如此"含糊"？②文章为什么用倒叙的方式来写？③"对于革命事业的信心"是什么意思？④在法庭上，父亲为什么没戴眼镜？⑤为什么父亲被审时还这样"平静而慈祥"？⑥为什么父亲都要牺牲了，还那么淡定？⑦李大钊知道有危险，为什么还要留在家里不跑？⑧为什么"我"要告诉法官"我是最大的"，而不说自己还有哥哥？⑨为什么父亲被捕时还这样"不慌不忙"？⑩"党组织"是什么意思？⑪"警察为什么是'残暴'的"？

学生在整体感知课文的基础上，已经知道课文中有一条清晰的时间线索。所以我们可以带着学生按时间顺序来梳理以上问题。其中"问题①"和"问题⑦"与"被捕前"的文字相关，其他问题都是针对"被捕后"的。因为这节课是用两课时完整展示的省级教研活动，教师对两课时的任务做了以下分工：第一课时先解决"问题①"和"问题⑦"，剩余的问题留待第二课时再设计具体的任务来解决。以下是第二课时的教学片段。

师：上一节课，老师带领大家整体了解了课文内容，重点关注了课文的第一部分，还帮大家梳理了这一部分的写法，还记得是什么写法吗？

生：第一部分主要运用了对比的手法。

（板书：对比）

师：这节课，让我们继续走进《十六年前的回忆》。首先让我们把时间拉回到1927年4月6日，这一天发生了什么事？

生：这一天李大钊一家被捕。

师：十几天过去了，又发生了什么事？

生：李大钊被审。

师：同学们在阅读这一部分内容时，产生了以下问题："文章为什么用倒叙的方式来写"，也就是说，你们认为文章的开头应该是放在文末来写。这个问题与结尾有关，我们把它放到最后解决。同学们再看看老师画☆的问题，这些问题都与什么有关？

生：这些问题都与李大钊的神态有关。

师：神态怎么样？

生：神态平静、镇定。

（板书：平静）

师：同学们再看老师圈出来的词语（"被捕时""被审时""受过苦

刑时"），又有什么发现？

生：李大钊并不只是某一时刻保持平静，而是"一直"保持这种平静。

师：好，你不但反应快，概括能力也很强。（继续整理展示板上的问题）我们再看下面这个问题。"党组织"是什么意思。有同学知道什么叫"党组织"吗？

生：共产党在北京地区的组织。

师：对的，李大钊和他的战友、同志加起来就是一个"党组织"，就像我们学校，所有的党员教师就组成一个学校的"党组织"。（揭下已解决的问题）

师生通过对第一课时已梳理问题的进一步梳理，发现"问题5""问题6""问题9"都与李大钊面对危险时的状态有关。教师通过与学生一起看这几个问题中表示时间的词语，即"被捕时""被审时""受过苦刑时"，学生很快发现李大钊"一直"能保持着镇定，那么这个问题就可以转化成一个驱动型问题：为什么李大钊能"一直"保持镇定？

二 拟定任务，建构语言悟品质

驱动型问题已经生成，我们就可以根据驱动型问题现场拟定挑战性任务。有效的学习任务不能太大，将挑战性任务分解成若干个具体的小任务，有助于学生逐一落实和梯度抵达。如对于挑战性任务一：为什么李大钊能一直保持镇定？

在此挑战性学习任务的引领下，教师给学生以充分的时间潜心会文，并通过"找一找""想一想""写一写""说一说"，与文本展开深度对话，去触摸语言文字的情味、分寸和美感。

（一）体会人物的言行

这篇回忆性散文内容感人，表达形式独特。课堂上，教师借助挑战性学习任务让学生在内容与形式之间来回行走，体悟人物的言行和品质。

师：下面，我们就来解决——"为什么李大钊可以一直都这样平静"这一问题。（出示：学习任务一）

学习任务一

默读课文第8—29自然段：找一找，从文中哪些地方可以看出李大钊是"平静"的？想一想，作者是怎样写李大钊这些"平静"表现的？写一写，从这些"平静"的表现中，你体会到李大钊怎样的品质？和同学说一说。时间：4分钟。

师：时间到——

生：坐坐好，学之道，要记牢。

师：谁先来与大家分享？

生：请大家看第10自然段："没有什么，不要怕，跟我到外面看看去"。

师：这句话应放在更完整的对话中，谁来读"我"的话。（出示文中完整的对话）

（生读）

师：你听出了什么？

生：我听出了星儿的惊慌和恐惧。

师：一个小女孩，面对突如其来的枪声和喊叫声，当然惊慌和恐惧。这是普通人都会有的反应。父亲的话谁来读？

（生读）

师：给你什么感觉？

生：李大钊十分镇定。

师：听出父亲的紧张了吗？你再读。

（生读）

师：听出父亲的恐惧了吗？谁再来读？

（生读）

师：语言上看不出来，那行动上能看出来吗？谁来读读李大钊此时怎么做的？

生：父亲不慌不忙地向外走去。

师：平静、沉稳！你从中看出了什么？

生：从"不慌不忙"中可以看出父亲是不紧张的。

师：语言上李大钊很平静，行为上也很平静，这就是通过"言行"来表现人物的特点。（板书：言行）我们来分角色读一读这段对话。

（生读）

师：如果你是李星华，此时就站在父亲李大钊的身边，本来非常害怕，但看到父亲这样平静，你的内心会产生怎样的变化？

生：我觉得，我的内心也会慢慢变得平静。

师：为什么？

生：因为父亲的言行给了我安慰。

师：是的，即使已经非常危险了，李大钊也不忍女儿处于极度恐惧之中。这就是父爱。那么，作为革命者的李大钊，你从"不慌不忙"中又体会到了什么？

生：李大钊面对如此危险，表现出了一种沉着冷静的心理状态。

生：我感觉他此时是从容镇定的。

师：是的，请你们再分角色读一读这一组对话。

（生读）

在儿童问学课堂中，教师充分尊重学生学习的主体性，让学生围绕挑战性学习任务把自己在与文本对话过程中的理解和感悟与同伴进行交流和分享，这种对话是自主的，是闪烁着智慧的发现的。

（二）体会衬托的写法

文中写李大钊被捕时的文字，大部分都在写敌人。教师可以创设对话情境：如果你是李星华，你会用这么多文字写敌人吗？为什么？引导学生转换角色阅读文字，品味文字，感悟人物形象，并在此过程中内化"反衬"的写作手法。

师：我们如果把这一次对话再放到一个更大的范围（出示8-18自然段），你们有什么发现？

生：我发现这一部分文字中的大部分文字都是在写敌人。

师：是的，那请同学们看一看这一部分文字是怎样写敌人的。

生：这一部分，写了敌人的声音。

师：读一读你找到的声音。

生：有粗暴的吼声。

生：还有尖锐的枪声、纷乱的喊叫声。

师：你也读一读自己找到的声音。

生：还有沉重的皮靴声。

师：如果你是李星华，听到这样的声音，会有什么感受？

生：紧张、恐怖。

师：完整地说。

生：如果我是李星华，听到这样的声音，我会感到紧张、恐怖。

生：我还从第16自然段中的"哼！你不认识？……"中的感叹号和问号看出那些侦探很是野蛮，很不讲道理。

师：讲得非常好，而且我发现这位同学不知不觉已经帮大家解决了这个问题——"警察为什么是'残暴'的?"。从声音就可以看出来,还可以从哪里看出来?

生:还可以从敌人的动作看出来,请大家看第 18 自然段"残暴的匪徒把父亲绑起来……",这句话中有"绑""拖"等动词。

师:"绑、拖",还有吗?还有哪些动作让你感觉到敌人的残暴?

生:请大家看第 13 自然段"穿灰制服的宪兵……一拥而入……","一拥而入",他们和强盗一样。

师:我从这位同学的语气中能听出他的愤恨,因为这些人是不请自来,一拥而入。我们应该怎样读好这些句子呢?听老师读一遍。(师范读,生再读)

生:这段话中还写了敌人的穿着打扮。

师:说说你的理解。

生:这里写敌人整洁的打扮,正好与他们野蛮的行为形成对比。

师:讲得好,老师都没有发现。其实穿不同的衣服,还表明——

生:他们的身份也不一样,来的人身份很杂。

师:来了这么多人,什么原因?

生:我觉得在敌人眼中,抓到李大钊就立大功了。

师:上节课我们讲到,李大钊是什么人?

生:北方党组织的主要负责人。来的人身份杂,说明李大钊的身份很重要。

生:第 13 自然段还写了来人的数量之多。

师:有多多?

生:挤满了这间小屋。

师:是的,据资料记载,当时张作霖派了将近 500 人去抓捕李大钊。对此,你的感受是什么?

生：来的人多，说明敌人在虚张声势，多来一些人，是为了掩盖自己恐惧的心理。

师：作者从声响、身份、数量、行为等角度写敌人。请同学们想一想，作者为什么要如此浓墨重彩地写敌人种种丑陋的表现？

生：我觉得这是用侧面描写烘托李大钊"不慌不忙"。

师：这种写法我们也可以叫"衬托"（板书：衬托）。前面老师还给大家讲了"对比"，对比和衬托有什么区别？对比，两方差不多重要，没有哪个更重要。比如父亲平时对"我"很好，在局势严峻的情况下他用不耐烦的态度对"我"，同样说明父亲对"我"很好。这是对比，没有主次之分，没有轻重之分。但是，"衬托"两方就有主有次，常常用次要的人（物）来衬托主要的人（物）。所以，这里是用敌人的残暴来衬托李大钊的——

生：平静镇定。

这里的挑战性学习任务仍然紧扣学生的问题，既帮助学生发现了语言与形式的双重秘密，又帮助学生体会到李大钊的伟大人格。

（三）体会人物的外貌和神态

文中主要通过"外貌、神态、言行"来表现人物。借助挑战性任务，学生找到了"父亲保持着他惯有的严峻态度"这一处神态描写，但多数学生只看到"严峻"这个词，看到父亲的表情严肃，镇定自若。不过，随着学生主动阅读，深入研读，就会有更多的发现。

生：请大家看第17自然段，"他们夺下了……"，我从"父亲保持着他惯有的严峻态度"感受到父亲的镇定自若，丝毫不慌张。

生：我从"惯有的"可以看出李大钊在面对危险时还能保持常态，体现他此时的处变不惊。

师：这里的"平静"体现在他对敌人的"惯有的严峻态度"中。请把你的感受带进句子中读给大家听。

（生读）

生：请大家看第20自然段，"父亲仍旧穿着他那件灰布旧棉袍……平静而慈祥的脸"。

师：如果你是李大钊的女儿，你法庭上看到父亲这个样子，你会不会感到奇怪？

生：是的，父亲的头发为什么是乱蓬蓬的？

生：父亲经历了什么？他为什么没戴眼镜？

生：为什么父亲"受过苦刑"还"平静而慈祥"？

师：是的，你们的问题也是当时李星华心中的疑问。你们谁查过相关历史资料？可不可以结合查找的资料说一说自己的理解？

生：李大钊从被捕到被害，在狱中度过了22天非人的生活。敌人对他用了各种酷刑：电椅、老虎凳、竹签插手指，还拔去了他双手的全部指甲……

师：李大钊在狱中遭受了非人的折磨，其痛苦和煎熬我们根本无法想象。但是，此时的他虽然头发乱蓬蓬，眼镜也没有戴，却如此平静而慈祥，因为他不希望自己的亲人——

生：担心他。

生：不希望自己的亲人为他难过。

师：这就是李大钊对家人的爱。而作为革命者的李大钊，你从这种平静和慈祥中又看到了什么呢？

生：我看到了李大钊坚贞不屈的气概。

生：我看到了他大无畏的英雄主义气概。

师：这是作者最后一次看到父亲，请大家读一读这一句话。

（生读）

师：这也是李大钊一直留在作者心中的样子。从这里我们可以看出，要想写好一个人的品质，我们还可以抓住什么来写？

生：外貌或神态。

师：刚才，还有同学问"为什么不说自己还有哥哥"，现在你们明白了吗？

生：因为李大钊不想让作者的哥哥受到牵连。

生：从家庭来说，他在保护自己的孩子；从国家来说，也是为革命留下火种。

师：（出示《狱中自述》中的片段）他不仅仅保护自己的孩子，一直也在保护广大的革命青年。为了保护被捕的其他同志，他说自己应"负其全责"，对于爱国青年，他希望敌人能"宽大处理，不事株连"。所以，李大钊不仅爱自己的孩子，也爱所有的革命者和爱国青年。

文学作品是一种图式化的结构，存在许多空白。这里以挑战性任务引导学生分享留白体验。在体悟父亲在法庭上的神态和外貌时，教师通过创设情境，引导学生进行一连串的追问，继而让学生根据自己的生活积累和相关资料来体悟李大钊作为父亲和革命者的伟大人格。学生通过分享，对文中的空白处进行补充和融解，从文学语言表现之中获取了对感知对象的深层理解，还获得了对审美对象的精神世界的审美知觉。

（四）体会人物品质的内核

至此，这个驱动型学习任务已引领学生走完了从信息提取到理解表达，再到分析行为并尝试对人物做出评价的过程。课堂上能看得见学生思维的进阶和生命的成长。

师：李大钊确实一直保持平静，那他为什么能一直保持这种平静呢？文中对此是怎么解释的？

生：因为"他的心被一种伟大的力量占据着。这个力量就是他平日对我们讲的——他对于革命事业的信心"。

师："信心"是什么意思？

生：信心就是相信自己做的事情是对的。

生：信心就是相信自己做的事情一定会成功。

师：那么怎么理解"对于革命事业的信心"？

生：意思是中国的革命事业一定能取得成功。

师：对的，在被捕和被审时李大钊始终保持平静，可见他的信心是——

生：坚定的，强大的。

师：来！用你们的声音，把这种坚定与强大读出来。

（生读）

师：这段话中还有一个词——平日，从这个词你能看出什么？

生：李大钊经常会给孩子们讲他对于革命事业的热爱和信心。

师：从这个"平日"我们可以相信，那年春天，当形势非常严峻的时候，他的心——

生：被一种伟大的力量占据着。

师：这种伟大的力量就是他平日对我们讲的——

生：他对于革命事业的信心。

师：当李大钊被捕时（生读），当李大钊被审时（生读），当阎振三被要求指认李大钊的时候，他的心也——（生读）。

师：是的，所有的革命者的内心都是一样的。他们都有一种信念，就是中国的革命一定会取得成功。也正是因为有了像李大钊这样一代又一代的中国共产党人，正是因为有了像他们那样坚定的决心，我们的社会主义建设才取得了今天这样巨大的成就。

对于这样一篇情感浓烈的课文，还需要让学生通过朗读来体悟文章的思想感情，从而更深入地完成挑战性任务。课堂上，教师要引导学生通过声情并茂的朗读把对文本的理解和对伟大人格的赞美表达出来。

(五) 体会照应的写法

儿童问学课堂中的学生就是在这样一种自由而安全的氛围中学习的。这种自由而安全的学习氛围把学生的好奇心、想象力和求知欲都激活了。学生置身于这样的学习情境当中，获得的是一种心灵的放飞和思想的自由。如针对"问题2"，即课文为何用倒叙的方式来写，教师这样引导。

师：课文回忆了十六年前的事情，有一个时间让我们记忆深刻，读——

（出示：1927年4月28日）

（生读）

师：这个时间在文章的开头、结尾分别出现了一次。同学们在问学展示板上也提出了这个问题——文章为什么用倒叙的方式来写？现在，你们能解决这个问题了吗？

生：我觉得这个时间是串联全文的线索，前后相互照应，首尾呼应。

师：这样写还有什么好处呢？

生：开头先写这个时间，可以给读者留下悬念。结尾再写，可以起到强调作用。

生：强调这个时间对作者很重要，更能吸引读者。

师：说得好，这种写法我们也可以用。

学生的学习在对真实问题探究的过程中自由而安全地推进，因为这种自由和安全的学习大大降低了学生对于挑战性学习任务的畏惧，也就降低了挑战性学习任务的难度。学生自主地运用问学展示板提出问题，自由地沉浸于文本世界中，自主阅读，自由表达，自然地理解，自然地突破，学生充分展示了真实的学习过程。

三 任务推进，读写结合悟品质

学习了写作方法，自然就要学以致用。在《十六年前的回忆》教学过程中，为了尝试创意表达，教师找了一段李大钊生前的演讲视频，并安排了"看视频，写画面"的小练笔，让学生用课文中学到的方法写一写李大钊生前视频中的画面。这是通过创设情境的方法引导学生观察画面，捕捉创作灵感，并用自己习得的表达方法尝试表达。

师：李大钊的被捕和牺牲，对他的家庭是重大的事，对于中国共产党也是一件非常重大的事。（出示：中国共产党历史展览馆001号文物）所以，这种痛无论是对李星华个人，还是对我们的国家，都是深入骨髓的。但是，作者在回忆的时候没有用短促有力的句子，也没有用声嘶力竭的语气，而是流水一般，让语言缓缓地流淌。仿佛她就站在我们面前，在平静地给我们讲一个故事。但这种平静中却有一种力量。所以这篇文章似乎还教会我们一个写作的方法——有时候平静的语言可能会更有力量。接下来，让我们先平复心绪，看一个视频。这是李大钊1924年9月在莫斯科国家大剧院演讲的视频，也是他生前留下的唯一的影像资料。当时台下坐着的有我国在苏联的留学生，他们当中大部分是革命青年，还有一部分外国友人。看视频前，我们先来看学习任务二。

学习任务二

观看李大钊生前唯一的视频，请同学们注意观察，并从外貌、神态和言行等角度写一写你看到的画面。时间：7分钟。

师：可以多看几遍，观察完了就开始动笔，写完了还可以再观察和修改。

（生写话）

生：他鼻梁上架着一副眼镜，八字须向两边梳理得整整齐齐，穿的是典型的中山装，看起来十分精神。他站在台上热情饱满地演讲，手臂不停地挥动，非常有激情。

师：谁来评价一下他写的这段话？

生：她很注重对李大钊的外貌进行描写，我觉得可以再添加一些对李大钊的语言的描写。

师：谁来继续分享？

生：他穿着一身黑色正装，留着标准的八字须，左手在不停地挥动。他的眼里有光，是希望的光。他坚信，中国的革命一定会取得胜利，好像革命的胜利就在明天似的。随后，全场响起了热烈的掌声，他们都受到了深深的鼓舞。

师：这一段描写，你听了有什么感受？

生：我觉得他描写的李大钊的外貌、神态和动作都非常到位，让我们感受到李大钊讲话时一定是慷慨激昂的。他还写到了场下观众的反应。我觉得非常好。

师：他的描写关注了李大钊的神态，尤其关注了李大钊的眼神，还关注了李大钊手臂的动作。最让我佩服的，是她还用了"好像……似的"的句式写出了自己的感受。老师也写了一段。请大家看看老师写的与刚才两位同学写的关注点有什么不同。（出示：只见李大钊意气风发地站在舞台上，他的八字胡非常浓密，鼻子上架着一副眼镜，没有边框。他身着立领正装，胸前佩戴着徽章，伴随着演讲不时挥动左臂。李大钊激情澎湃地向大家介绍中国革命的现状，深情地讲述年轻的中国共产党的诞生与成长，并呼吁大家一起参加革命。演讲快结束时，他振臂高呼"无产阶级革命万岁""中国革命一定胜利"等口号，全场听众非常振奋，现场一次又一次响起暴风雨般的掌声。）

生：老师关注到了更多细节，比如眼镜是无边框的，还有胸前的徽章。

还想象了李大钊当时可能会说的话。

生：我发现您还关注到现场其他人的反应，运用了衬托的手法。

师：感谢你们的点评，同学们课后可以继续修改自己的文字。虽然李大钊同志只给我们留下了这一段动态影像，但我相信，在每个人的心目中，他的形象不会随着时间的流逝而模糊。因为——

（出示单元导语，生读："人生自古谁无死，留取丹心照汗青。"）

师：李大钊的名字以及他所做的一切将会永远镌刻在我们心中，他的精神也一定会鼓励一代又一代中国人不断向着中华民族的伟大复兴继续前进。

这一环节的任务设计与推进主要从两方面展开：第一，读写呼应。学什么练什么，这是由读到写的层进建构。第二，课文给我们展示了李大钊对家人，对敌人的态度。影像中我们还看到了他对同志、对爱国青年的态度。这就能让学生看到一个更为立体的李大钊，这是对李大钊精神世界和人格力量更深层次的认识。

四　任务拓展，阅读交流讲故事

课文学习至此，最后一个挑战性任务也自然生成。我们可以将学生的阅读由课文引向整本书。

师：李星华写了很多回忆父亲李大钊的文章，她把这些文章汇编成了一部回忆录——《回忆我的父亲李大钊》。我在阅读这本书时，是受到震撼的。这本书从李大钊的童年，求学，走上革命道路，一直讲到他英勇就义，为我们展示了一个全面的、立体的李大钊。想了解李大钊更多的故事，就去读一读这本书。下个月，我们举行一次以"讲讲李大钊的故事"为主题的阅读分享会，可以吗？下课。

课的尾声，教师向学生推荐了李星华的回忆录《回忆我的父亲李大钊》，并且分享了自己在阅读时的感受——"是受到震撼的",更进一步地将阅读从课内引向课外,从单篇走向整本。同时还在布置了以"讲讲李大钊的故事"为主题的阅读分享会。这也会促进学生边读边梳理:我要分享哪些故事?在分享时,我要讲好哪些环节?这些环节最吸引我的是什么?……边读边想清楚这些问题,有效的阅读进程也就开启了。

儿童问学课堂的创新实践是教师让学生在课中现场用问学展示板提出问题,师生共同梳理问题,并将梳理出的核心问题转化成驱动型问题,继而自然生成挑战性学习任务,并以此引导学生主动去阅读、探究、理解、生成和创意表达。教师在此过程中给学生阅读、理解的自由空间,创造口头表达和书面表达的双重空间,从而引导学生成为主动的阅读者、积极的分享者和有创意的表达者。

借助查找的资料，有效内化关联性知识

——以《为人民服务》教学为例

儿童问学课堂在项目化实施过程中，学生会产生许多问题。这些问题有的通过自主、合作和探究的方式解决，有的需要依靠查阅资料、运用资料的方式来解决。查阅资料、运用资料解决问题既是学习的一个重要步骤，也是语文学科要培养的重要能力之一。《义务教育语文课程标准（2022年版）》和统编教材中多次呈现"借助资料理解课文"这一学习要点。新课标在第二、三学段语文实践活动"梳理与探究"中都提出了"查找资料"的学习要求：第二学段要求学生能"有目的地搜集资料"，第三学段则明确提出"初步了解查找资料，运用资料的基本方法"。教材中也多处呈现，如"结合资料，体会课文表达的思想感情""借助相关资料，理解课文主要内容""查阅相关资料，加深对课文的理解"等。可见"借助资料来理解课文"是一个重要的学习方法，也是有效地帮助学生突破课文重、难点的重要路径，它还能促进学生有效地内化关联性知识。

一 从"人"入手，前后勾联，有效串联词语

词语教学是语文教学的一项重要任务。在交流资料的过程中，充分利用课前查阅的资料，紧密联系课文，前后勾联，盘活文中词语，词语学习就更具深刻性和整体性。

（分别出示）张思德　牺牲　泰山　死得其所

师：老师刚刚看了同学们课前查阅的资料，非常丰富，课文从前到后，

提到了三个人的名字，第一个人是？

生：张思德。

师：谁能结合自己课前查阅的资料给我们简单介绍一下张思德这个人？

生：张思德出生在四川省仪陇县一个穷苦农民家庭。曾经担任中央警备团警备班长和毛泽东的卫士。参加过长征，是为人民服务的典范。1944年他带领战士们执行烧炭任务时，窑洞突然塌方，牺牲时年仅29岁。

师：言简意赅，从出生到牺牲，几句话就说清楚了。"牺牲"是什么意思？

生：死。

师：张思德是怎么死的？

生：为了烧炭而死，为了给抗战提供保障而死。

师：那你能不能重新解释一下这个词？

生：为正确的事而死。

师：对的，为了正义的事而失去生命，就叫"牺牲"。读。

师：文中对于他的"牺牲"是怎么评价的？

生："张思德同志是为人民的利益而死的，他的死是比泰山还要重的。"

（生读）

师：齐读，这里面有一个生词叫"泰山"，读。

（生读）

师：文中还有一个成语也评价了他的牺牲，找找看。

生：死得其所。

师：什么叫"死得其所"？

生：死在对的地方、死得有意义。

师：不错，能不能用这几个词连起来说一段话？

……………

课前通过问学任务单反馈，我们发现本课让学生感到困惑的词语和句子有很多。如果全部呈现，则有些杂乱，所以，为更好地帮学生去感知其内在的关联性，结合学生课前查阅的资料，结合文中词与词之间、词与文本之间的内在联系，上课时，教师依次出示以下词串：张思德、牺牲、泰山、死得其所。然后用同样的方法学习词串二：司马迁、"人固有一死，或重于泰山，或轻于鸿毛"、剥削；词串三：李鼎铭、精兵简政、鼎。在交流资料的过程中串联词语，让词语回家，整个过程循序渐进而又有语文味。由"牺牲"到"泰山"再到"死得其所"的生词教学过程，是一个自然流淌的过程，交流的痕迹全无，但学生又一直在将自己课前查阅的人物生平、评价以及生字的源流和意蕴等资料和盘托出，这样的学习才更容易入心。

二 借"文"举例，感知文体，有效内化方法

学生在交流资料的过程中，不仅内化了词语，同时也为下一环节感受说理文的特点做铺垫。张思德、司马迁、李鼎铭的生平很精彩，可是文中只用一两句话带过，如何从"人"入手帮学生感受说理文的特点，并初步了解说理的方法？教师这样引导。

师：同学们，刚才我们围绕三个人的名字做了交流，这篇课文在写人记事方面与以前学过的课文有什么不一样？

生：写得很简单，没怎么写。

师：那文章主要是表现这几个人物吗？

生：它不是专门写这几个人，而只是对这几个人做一个评价或引用他们说的话。

师：要相信自己的判断，你们的感觉是对的。像这种既不是专门写人，也不是专门叙事，而是讲一个观点的文字就是说理文。

有些证明观点的方法还可以让学生试着简单用一用，例如"引用"的说理方法（现在也叫道理论证）。教师可以借文中的材料来举例，帮学生内化这种说理方法。

师：这一段的观点是什么？

生：人总是要死的，但死的意义有不同。

师：那作者先是怎么证明这一句话的呢？

生：人固有一死，或重于泰山，或轻于鸿毛。为人民利益而死，就比泰山还重；替法西斯卖力，替剥削人民和压迫人民的人去死，就比鸿毛还轻。

师：这是谁说的？

生：司马迁。

师：司马迁说的。那司马迁是什么时候的人？

生：2000多年前，西汉时期的人。

师：也就是说用2000多年前的人的话来证明自己的观点，这种方法叫什么？

生：引用。

师：是的，这是一种常用的说理方法。假如我现在提出一个观点，你们能用这个方法帮我证明吗？我说，司马迁的《史记》不仅是一部伟大的历史巨著，还是一部辉煌的文学巨著。谁来帮我证明？

生：可以用"史家之绝唱，无韵之《离骚》"这两句诗来帮您证明。

师：你的反应太快了，这两句诗是谁说的？

生：鲁迅。

师：是的，用鲁迅的话来证明我的观点，这也是引用。

六年级学生在此前接触过一些说理文，但说理文怎么教？目标是什么？新课标中这样表述："应引导学生分析证据和观点之间的联系"，具体怎么教，并没有说清楚。若以第四学段的要求来教学，不免拔高，甚至会扼杀学生学习说理文的兴趣。所以，我们仍然可以从"人"入手，借"文"举例，引导学生更快走进说理文，把握观点和证据之间的内在关联。在此过程中，学生交流的资料不仅有课前查阅的，更有自己平时的积累。在交流过程中，学生不仅对说理文有了充分的感知，其逻辑思维能力也得到有效的锻炼。

三　紧扣难点，交流体味，有效解决问题

（一）"共同的革命目标"指什么

在某些时刻，教师也要提供自己查找的资料，帮助学生加深对课文的理解。

师：很多同学在问学任务单中都提出了这个问题："共同的革命目标"指什么？谁来说说？

生：我认为是解放全中国。

师：从哪里可以看出来？

生：我是根据"我们今天已经领导着有九千一百万人口的根据地，但是还不够，还要更大些，才能取得全民族的解放"这一句推测的。

师：当时的根据地有多少人口？

生：九千一百万。

师：有没有同学能说得清楚一点？

生："九千一百万人口的根据地"指的是当时的陕甘宁边区和华北、华中、华南等抗日根据地的人口总数。

师：而当时全国的人口应该有4亿左右。（教师出示自己查找的资料）如在电影《十月围城》中，孙中山说："革命就是为了四万万同胞人人有恒业，不啼饥不号寒。"还有一首抗战歌曲叫《长城谣》，当中有句歌

词是:"万里长城长又长,长城内外是故乡,四万万同胞心一样,新的长城万里长。"可见,当时的中国人口确实是?

生:4亿左右。

师:对的,谁再来说一说"共同的革命目标"指什么?

生:还要扩大抗日革命根据地,才能取得全民族、全中国的解放。

师:是的,当时的共同目标就是打败日本侵略者,解放全中国。

师:但是实现这个目标的困难很大,为了实现这一目标,毛主席认为应该怎样做呢?

生:我们的同志在困难的时候,要看到成绩,要看到光明,要提高我们的勇气。

师:为什么这么说?

生:革命斗争,并不是一帆风顺的,必然要遇到艰难困苦。但是,为了人民利益,为了民族解放,就不能怕困难,要看到成绩和光明,要树立信心,鼓足勇气。

师:说得很好,怎样树立信心,鼓足勇气?能不能结合你们的生活举个例子?

生:比如,我学钢琴坚持不下去的时候,我就看看之前我获得的荣誉。我的理想是成为像李斯特一样的钢琴家,有时我坚持不下去,就会读一读他的故事,为自己鼓劲。

(鼓掌)

生:我们要关心每一个战士,一切革命队伍的人都要互相关心,互相爱护,互相帮助。

师:是的,这一点也很重要,团结互助才能走得更远。

学生在查阅资料的时候也往往有遗漏点,尤其是对一些似是而非的短语和句子,共性的难题在课堂上得到解决会让学生获得更大的成就感。而一些看似简单却无从下手的问题，更容易让学生体会到查阅资料应该精心、全面、严谨。这一点比解决一两个问题更重要。

（二）"中国人民正在受难，我们有责任解救他们，我们要努力奋斗"这句话怎么读

本课在句子连接上运用了大量的关联词语。有关联词的句子，控制节奏、把握停顿相对容易。而一些无关联词连接的句子，想要读好往往有一定的难度。如学生在问学任务单中提出"'中国人民正在受难，我们有责任解救他们，我们要努力奋斗'这一句话在朗读时到底该怎么停顿"。

师：很多同学都认为这句话比较难读，我先找个同学来读读看。（指名读）

师：查过资料吧？当时的中国人民正在受什么"难"？

生：日本侵略中国，中国人民正处于水深火热之中。

师：如何读好这句话？你来读。

（生读）

师：句子并不难读，关键是停顿。怎么停顿？我们可以尝试在句子中加上合适的关联词。

生：（因为）中国人民正在受难，（所以）我们有责任解救他们，（所以）我们要努力奋斗。

师：这样加可以吗？

生：可以的。

师：后面加了两个"所以"，这三个分句应该如何停顿？两个逗号间的停顿时间一样吗？

（生读句子）

师：第一个分句与第二个分句是因果关系。那后面两个分句之间是什

么关系？（出示"我们有责任解救他们，我们要努力奋斗"）

师：想想看，中间有没有省略什么句子？

生：但是我们的条件还很差。

生：但我们目前能力还不够。

师：把你们说的这句话加进去，说说看，能不能说得通？

生：（因为）中国人民正在受难，（所以）我们有责任解救他们，（但是我们的条件还很差，）（所以）我们要努力奋斗。

师：现在，大家读的时候去掉刚刚加进去的话，但读到这里的时候停顿一下，停顿时想一下刚才加进去的话就可以了。

（生再读）

师：你看，这样读，节奏就对了，如果能把"努力奋斗"再强调一下，则更能体现出奋斗的决心了。

读不好停顿，往往是因为不能完全理解句子的结构，可以通过"加一加"或"减一减"的方法帮学生读出停顿和节奏。具体操作时，既可以让学生通过去掉关联词来体悟句与句之间紧密相连、层层递进的关系，也可以让学生给句子加上关联词，甚至结合查阅的资料还原句子的完整意思，就能更好地引导学生厘清句子的结构和作者的说理思路。

无论是词语教学还是阅读教学，教师若能围绕学生关心的核心问题，紧扣单元语文要素和单篇学习要素来设计教学，选择教学方法，全面盘活学生搜集和积累的资料，再运用资料去交流问题、解决问题，就能帮助学生有效内化文章的内容、结构、观点、写法等关联性知识。

第六章
文言文教学

驱动型问题：指向自由深入的语文学习
——以《伯牙鼓琴》教学为例

儿童问学课堂在实施过程中，从学生开始写问学任务单时，他们的思维就已经被打开了。教师以自己的教学高度将学生提出的问题转化成可以被持续探究的驱动型问题，同时将学生之问和教师之问进行双向结合，充分激活学生思维，引导学生展开自由而深入的学习。

一 课前交流：借资料袋话知音

课前，学生提出的核心问题是"什么是知音"。这个问题就可以转化成一个与知音相关的驱动型问题。为更自由地探讨知音的内涵，师生课前交流围绕知音展开。

师：六（2）班的孩子们，你们好！课前，老师一看到你们的问学任务单，就猜这个班一定有一大批安静而又思维活跃的同学。说你们安静是因为老师看到了你们写的字，只有内心安静的人才能写出这样的字。（出示学生的问学任务单）说你们思维活跃是因为老师看到你们提问的角度非常丰富。我们来看一个同学的提问（出示问学任务单1：什么叫知音？）这个问题的答案，同学们可以看一下语文书第100页的资料袋，有没有同学已经找到了？

生：人们把真正了解自己的人叫知音。

师：你的阅读速度快，寻找关键信息的能力也很强。（出示问学任务单2）怎样才算一个真正的知音？你们能不能举例来说明？

生：比如管仲和鲍叔牙。

师：说得再具体一点。

生：管是管夷吾，鲍是鲍叔牙。他两个一起经商，相约得利均分，有时管夷吾多拿钱，叔牙不认为他贪，而是知道他家里困难。

师：后来管夷吾被囚，也是鲍叔牙帮他脱离了监狱，还推荐他做了齐国的宰相。对朋友倾力相助，可以算知己。还有吗？

生：李白与杜甫。

师：请你也说得具体一点。

生：李白和杜甫中年时在洛阳相见并成为朋友。李白被流放夜郎，杜甫非常担心李白，做梦都想他，还写下两首《梦李白》，其中有"故人入我梦，明我长相忆"。

师：是的，连做梦都想，感情很深啊！

生：还有王维和孟浩然。

师：也请你具体说一说。

生：他们都是田园诗人，并称"王孟"。

师：他们虽然齐名，但是不是知音老师也不敢下结论。我讲一个故事，听完了请同学们自己去判断。孟浩然中年以后希望在仕途上能谋得发展。当时，王维做了尚书右丞这样的高官。孟浩然去拜访他，希望他能把自己引荐给皇帝。有一次，孟浩然正与王维在家中谈诗论道，唐玄宗李隆基忽然来了，王维以孟浩然是布衣不能面圣为由，让孟浩然躲在床底下。后来，孟浩然临走时写了一首诗叫《留别王维》："当路谁相假，知音世所稀。只应守寂寞，还掩故园扉。"大意是当权者有谁肯推荐我，或帮助我，知音真是太少了。我还是应该寂寞了此一生，关上柴门与世隔绝。他们是不是知音，请同学们自己去判断吧！

师：那知音这个词是怎么来的呢？就让我们一起走进今天的故事，齐读课题。

（生读课题）

师："鼓"的意思都知道的吧？

生：弹。

师：你是怎么知道的？

生：看注释。

师：这是个好方法。有没有其他方法？你是怎么知道的？

生：我是根据上下文直接猜出来的。

师：好，"猜"也是有技巧的。猜是理解文言文的一种好方法，尤其是身边没有工具书可查的时候。但运用这种方法时还要注意，在后面的阅读中要边读边验证，看前面猜得对不对。

师：其实题目中，我最想问的不是"鼓"，而是伯牙弹的是什么琴，有人知道吗？

生：古筝。

师：很接近了，古筝的弦通常有21根，要比这个琴多好多根。

生：古琴。

师：厉害。（出示古琴图片）你们知道古琴还叫什么琴？

生：瑶琴。

师：《三国演义》有一首篇尾诗，当中有"瑶琴三尺退雄师，诸葛西城退敌时"。这两句诗讲的是什么故事？

生：空城计。

师：还有吗？

生：七弦琴。

师：是的，武王之后，古琴就是七根弦了。白居易曾说："七弦为益友，两耳是知音。"弹琴是中国古人修身养性的好方法，弹琴能让人获得内心的平静，那同学们知道谁的古琴弹得最好吗？

生：我猜是伯牙。

师：猜对了。李白诗写得最好，所以叫诗仙，那琴弹得最好叫什么？

生：琴仙。

师：是的，你的反应真快。后人就是这样称呼伯牙的。

师：（故事补充一）话说，有一次，琴仙伯牙出使楚国，结束以后坐船返回晋国。途中遇上大雨，就把船停在一处山崖之下。此时，伯牙看着远处的山，听着近处的雨，不觉就来了兴致，于是在船中抚琴一曲。他的琴声将岸上一个穿着蓑衣，戴着斗笠的樵夫吸引了过来，知道樵夫是做什么的吗？

生：砍柴的人。

师：这位樵夫是谁？

生：我猜是钟子期。

师：不错，此人姓钟名徽，字子期。于是就发生了下面的故事。

本单元的语文要素是"艺术之旅"。教学过程中，如何引导学生自由而深入地理解这一人文主题，是本课要解决的首要问题。在课前交流中，教师先后两次以学生的问题为话题，与学生自然对话，学生水到渠成地初步理解了"知音文化"。

二 问学反馈：读准读通初明"志"

学生在问学任务单中针对词语的音、形、义和朗读断句提出了很多问题。但核心问题还是"什么是知音"。如何借助文中的"志"来帮助学生化解核心问题？首先从读准字音、读通句子开始。统编教材中的文言文字数都比较少，但教材在高年级以后字数逐步增多，且有一定的难度。

师：我们来读一读这个故事吧！读之前，有几个同学还想提醒大家一个字的读音。（出示问学任务单3：学生朗读节奏划分有误的句子）

生：（齐读）汤汤。

师："汤汤"是什么意思？

生：水流大而急的样子。

师：是的，请你们把这种大而急读出来。

（生再读）

师：下面我们尝试读一下课文。

（生读）

师：听你们朗读，我发现你们在课前提出的问题与你们在读书过程中产生的问题基本是一致的。我们一起来看看下面的这些问题，你是不是也有？

（出示学生划分的节奏："善哉/乎鼓琴，巍巍/乎若太山。""善哉乎/鼓琴，汤汤/乎若流水。"）

师：这一句的朗读节奏，同学们在划分时"乎前乎后"的，看来要想读好它，先要了解这个"乎"字是什么意思或有什么作用。老师查了一下《古代汉语常用字字典》，这个"乎"通常有以下几个意思。（指名读）

生：①语气词，用在句末表疑问或反问，相当于"吗""呢"；②语气词，用在句末表感叹，相当于"啊""呀"；③语气词，用在句中表示语气和缓或停顿；④形容词词尾。

1. 心既到矣，眼口岂不到乎？   ——五上《古人谈读书》

2. 善哉乎鼓琴，巍巍乎若太山。——六上《伯牙鼓琴》

师：根据解释，你们可以说出这两句中的"乎"的作用吗？

生：第一句中的"乎"应该是第一种用法，用在句末表示"吗"。

师：连起来说一说这一句的意思。

生：心已经到了，眼和口难道会不到吗？

师：第二句呢？

生：应该属于用在句中表示语气和缓或停顿。第二句的第二个"乎"是用在形容词词尾。

师：那我们在读的时候，"乎"字是紧跟它前面的词还是它后面的词？

生：跟前面的。

师：对的，请你再读一下这句话。

（生读）

师：用在中间，读得要和缓一些，也就是说可以放慢节奏，适当延长。（师范读，提示要点）"乎"字不能读太高，适当延长。"山"可以向上拉长，读出山之高。

（生读）

师：你读出了山之高大。

（生读）

师：你读出了山之巍峨。

（生读）

师：我好像看到了山峰高耸入云的画面……读的时候，还要注意音断气连，即一口气要读完一句话，才更有韵味。谁来试一下？读下一句。

（生读）

师：你读得有点波澜不惊啊。有没有到长江边玩过？你可以边读边想象长江的画面。

（生再读）

师：我感觉有点微波荡漾了。

（生再读）

师：好，这样一读有点波翻浪涌了。

（生读）

师：听你朗读，我仿佛听到了惊涛拍岸的声音。

（生齐读）

师：真好，我仿佛感受到了江河的浩荡之气！

师：（出示学生划分的节奏：以为世／无足复／为鼓琴者。）这一句很多同学读起来也比较为难，不知该怎么断句。这句话书中有完整的注释。如果我让你读一下注释，你会怎么停顿，怎么读？

（指名读，齐读）

师："以为"是什么意思？

生：认为。

师：加个主语。

生：伯牙认为。

师：他很自觉地在"认为"后面停顿了下来，所以，"以为"后面有一个停顿，继续。

生：伯牙认为，在世上……

师：你看，"在世上"，你又停顿了一次，所以"世"后面也可以作一个停顿……连起来就是：以为／世／无足／复为／鼓琴者。读。

（生读）

师：我找同学把课文连起来读一遍。（指名读）

（生读）

师：六（2）班同学真不一般，只教一遍，就读准节奏了。如果整篇课文的意思都明白了，同学们一定会读得更好。请同学们对照注释看课文，不理解的地方可以问问同桌，也可以提出来大家讨论。

（生结合注释疏通文意，同桌交流疑难处）

师：有没有经过交流还解决不了的词语？

生：我想知道"方鼓琴而志在太山"中的"志"是什么意思。

师：确实有很多同学也对这个"志"表示疑惑。（出示问学任务单6：方鼓琴而志在太山。）文中注释是怎么解释的？

生：心志，情志。

师：有没有同学能用让人一听就懂的说法来解释一下这个"志"？

生：心里想到，心里想的。

师：可以的，我们暂时就这样理解。

师：在理解的基础上，我相信同学们一定会比刚才读得要好。谁单独站起来读一读？

（生读）

师：读得非常好，节奏很准。我们提高一点难度。竖排从右往左读，想不想挑战一下？

（生读）

师：读得不错，很有韵味。古人写文章是不加标点的，想要读好别人的文章，全凭语感，你们行吗？这个要是能读好，下面的老师会为你们鼓掌的，齐。

（生读，台下老师鼓掌）

文言文的朗读，首先是读准字音。如学生在问学任务单中提醒大家的生词"汤汤"，要有侧重地教。第二是读好难句子的节奏，如"善哉乎鼓琴，巍巍乎若太山"的断句。教师将《古代汉语常用字字典》中"乎"的几种解释出示在屏幕上,让学生自己去选择、去代入,他们就找到断句的方法了。学生在理解的基础上,在教师的示范下,很快读准了难读的句子。课文最后一句话"以为世无足复为鼓琴者",很多学生都读不好,教师可以用一种最为朴素而自然的方式去引导。学生用现代汉语停顿的规律解决了文言文朗读停顿的难题。第三个是读懂内容。文言文中有好多难以理解的词,教师让学生结合注释来理解、联系上下文来理解,还有借助相关资料来理解,为学生读通课文打下基础。第四个是读出画面感。课文中描写伯牙鼓琴的画面和钟子期的语言,其实就是一个又一个生动的画面。如在指导"巍巍乎若太山"和"汤汤乎若流水"这两句朗读时,教师引导学生用上扬的语调读出"山之高",用下行的语调读出"水的波澜",还引导学生一边回忆长江的画面一边读好句子,从而帮助学生读出江河的浩荡之气。

三 当堂追问:审题理文深明"志"

当然,文言文的朗读,还要能读出文章的意蕴。为了引导学生读出文章的意蕴,帮助学生有效突破理解上的难点,教师还应引导学生在朗读和感悟的过程中解决先前悬而未决的问题,并不断发现新问题。

师:本文的题目是"伯牙鼓琴",那课文围绕"伯牙鼓琴"写了几个方面的内容呢?

生:我认为是"鼓琴"和"破琴"。

师:概括得好,你是围绕"琴"这个关键事物来概括的。

生:我认为是"遇知音"和"失知音"。

师:你概括得也很好,是围绕主要事件来概括的。伯牙"鼓琴"的收获是?

生:得知音。

师:"破琴"是因为?

生：失知音。

师：所以这两个同学的概括都很有道理。又有同学提问了。（出示问学任务单7：伯牙和子期是怎样成为知音的？）

师：他们为什么能成为知音？请同学们自由读"遇知音"部分。

（生读并交流）

师：有没有同学来说说自己的感受？

生：我认为伯牙和钟子期一个善弹，一个善听，所以他们成了知音。

师：有道理。从什么地方可以看出来伯牙"善弹"？

生：从钟子期的话能看出来，"善哉乎鼓琴"中的"善哉"是"弹得好啊"的意思。

师：还有其他的发现吗？

生：我是从"方鼓琴而志在太山"这一句看出来的。从这一句可以看出，伯牙弹琴时，想到什么就能表现什么，我觉得这是高手才可以做到的。

师：你也是高手。那如何证明钟子期"善听"呢？

生：伯牙弹的内容，他都能听出来，从"巍巍乎若太山"和"汤汤乎若流水"这两句就可以看出来。

师：你讲话很完整。还有没有同学想说一说自己的发现？

生：我是从"方"这个字看出来的。因为伯牙刚开始弹，钟子期就听出来了，所以他很"善听"。

生：从"少选"也能看出。

师：都说六（2）班的同学思维非常活跃，果然名不虚传。那伯牙的心里还可能会想到什么呢？能不能用文中的句式来说一说？建议同桌一人一句合作说一说。

生：方鼓琴而志在微风，钟子期曰："善哉乎鼓琴，悠悠乎若微风。"少选之间而志在明月，钟子期又曰："善哉乎鼓琴，皎皎乎若明月。"

· 158 ·

师：清风明月，闲适无比。

生：方鼓琴而志在大海，锺子期曰："善哉乎鼓琴，茫茫乎若大海。"少选之间而志在草原，锺子期又曰："善哉乎鼓琴，青青乎若草原。"

师：说得好，看来伯牙在你的心里是一个心胸开阔的人。说到这里，你们有没有产生新的问题？

生：我们刚才想到那么多，为何伯牙只想到"山"和"水"？

师：你的这个问题把老师都难住了。同学们先讨论讨论，怎么解释他刚才提出的这个问题。

（生讨论）

师：谁先来说？（无人举手）同学们再看一下课文中"志"这个字的注释。

生：心志，情志。

师：谁来说说"情志"这个词怎么理解？

生：拆开来就是"情操"和"志向"。

师：（竖大拇指）那你说说看，这个"高山"和"流水"反映了伯牙怎样的情操和志向？

生：我觉得他应该是想做一个像高山一样顶天立地的人。

师：有道理，古人说"仁者乐山"。

生：他想做一个像大山一样有仁德的人。

师：那么"流水"呢？

生："智者乐水"，说明伯牙想做一个像水一样有智慧的人。

生：（追问）水有什么智慧呢？

师：有没有同学知道？长江有很多弯，但最终一定向东入海。同学们看，它有目标，孔子说这叫"万折必东"；我们把脏东西放进水里洗一下，拿出来就干净了，水不但能洗去外表的污垢，还能洗去人内心的污垢，它能教人向善，孔子说这叫"蒙不清以入，鲜洁以出"；水浅的地方，流动不止，深的地方深不可测，就像你们上课时的大脑一样，不停地转动，深不可测，孔子说这叫"浅者流行，深者不测"。

生：老子还说"上善若水"，最高级的"善"就是像水一样……

师：真好，所以伯牙和子期二人在一起，琴声也懂，心声也懂，志向也明，何等惬意啊！（故事补充二）尤其是伯牙，发现这个樵夫居然能听懂自己的琴声，不由大惊，顿时推琴而起，连忙对子期说："失敬！失敬！山中也有美玉（高人）。先生如此高材，如何甘心在这山间做一个樵夫？你不如跟我走，我推荐你做官吧。"子期怎么说的？他说，做再高的官，也比不上我在父母身边尽一天孝心啊！你们看子期还是个怎样的人？

生：孝敬父母的人。

师：是的。伯牙说，如此大孝，实在难得，不如你我结为兄弟，怎么样？于是他们结为兄弟。但他们这一次相聚非常短暂，便约定第二年的同一天还在此地相聚。回去后，伯牙是天天盼，夜夜想，终于到了第二年的这一天。下面的故事，你们是知道的。

（生读"失知音"部分）

师：本来约好一年后再来相聚，不想一年后子期已死，迎来的只有子期的老父亲和一方坟墓。你们想想伯牙是什么心情？

生：伤心。

生：痛心。

生：绝望。

师：文中怎么写的？

生：破琴绝弦，终身不复鼓琴，以为世无足复为鼓琴者。

师：请你把这种绝望读出来。

（生读）

对于"志"的理解，教师一开始只是让学生用"心里想到"来解释，但随着问学活动的自然推进，在学习过程中，学生突然提出新的问题：刚才我们说伯牙想到清风、想到明月，那文中的他为什么只想到"高山""流水"？此问题一出来，其他学生的思维一下子被点燃。学生的目光一下子就聚焦在"心志"和"情志"上，原来很难理解的，连《现代汉语规范词典》中都没有收录的词"情志"就这样被解释清楚了："情操"和"志向"。接下来便是问题链，这"高山""流水"表现了伯牙怎样的情操呢？做一个像水一样有智慧的人，水有什么智慧呢？……学生们就在驱动型问题的分解和衍生的问题链中不断激荡着思维，不断提升自己对"知音"的认知。

四 深入拓展：补充资料悟绝弦

"伯牙绝弦"是中国古代经典知音故事。教师借助课后的"资料袋"，运用高度浓缩的语言呈现出课文空白处的故事，引导学生主动体悟文章所表达的情感。

师：（故事补充三）此时，在钟子期的墓前，伯牙弹了人生的最后一曲，叫《忆故人》，（放音乐）钟子期的琴艺是他父亲传授的，说明他父亲的琴艺也很高超。但是此时，钟子期的父亲已经五官半废，也就是说他也没听懂伯牙的琴声。你们听懂了吗？

（生摇头）

师：没关系，我也听不懂。所以伯牙就直接告诉钟子期的父亲自己刚才的琴声中包含的意思，也就有了文字版的《忆故人》。下面，我读两句，你们读两句，好吗？

（出示《忆故人》片段，师生合作读）

师：什么是绝望？"三尺瑶琴为君死"就是。（故事补充四）伯牙在为子期弹奏完人生的最后一首曲子后，猛然抽出佩刀，割断琴弦，双手举琴，向祭石台用力一摔，顿时是玉琴俱断。他的这个举动，有很多人不解，（出示问学任务单8：钟子期死后，伯牙为何要"破琴绝弦"？）

师：就连钟子期的父亲也不能理解。看到伯牙破琴绝弦，他连忙问："先生为何摔碎此琴？"（出示《伯牙》）

生：摔碎瑶琴凤尾寒，子期不在对谁弹！春风满面皆朋友，欲觅知音难上难。

师：刚才我们说，钟子期的父亲已经五官半废，没听清，再次问为何破琴绝弦。

（生再读）

师：现在同学们能理解伯牙为何破琴绝弦了吗？

生：伯牙再也找不到像子期这样的知音了。看起来都像是朋友，可是找到像子期这样的知音实在太难了。

师：让我们再来读一读课文最后这一段话，请把这种痛心和绝望读出来。

（生读）

师：同学们，伯牙和子期的千古佳话，影响了中国一代又一代的文人墨客，请同学们看——（出示"课后资料袋"）

（生读）

△锺期一见知，山水千秋闻。——孟浩然《示孟郊》

△锺期久已没，世上无知音。——李白《月夜听卢子顺弹琴》

△故人舍我归黄壤，流水高山心自知。——王安石《伯牙》

师：王安石讲得最明白。故人舍我而去归于黄土，你我之间一曲高山流水，现在也就只有我自己心里是最清楚的啊！这就是伯牙和钟子期的故事，它想告诉我们什么呢？（出示问学任务单9：这个故事想告诉我们什么？）

生：知音难觅。

生：不是所有的朋友都称得上知音。

师：是的，这个故事的最大价值在于，它确立了中国人高尚人际关系和友情的一个标准——士为知己者死，琴为知己者弹。这也成为中国历代知识分子向往和仰慕的友情。这个故事你们记住了吗？那我们一起读一下，可以吗？（出示《伯牙鼓琴》竖排版，小篆版）

（生齐背）

师：真好，都会背了。最后还有几个问题没有解决。老师给大家推荐一本书——《警世通言》，你们问的很多问题，包括今天老师讲的故事都在这本书里。这一节课就上到这里，下课。

本课的教学从学生的问题开始，教师利用问学任务单梳理出了学生提出的主要问题，并迅速将其转化成驱动型问题，然后寻找合适的思维支架，多方面促进学生走向自由和深入的学习。如"改"的思维支架、"删"的思维支架，而本课中的"补"也是一种思维支架。教师补充的故事给学生搭建了与空白处衔接的思维支架，因此，学生能在短短的四十分钟内理解了"知音难觅"这个深刻的主题。

挑战性任务：走向自主发展的语文学习
——以《两小儿辩日》教学为例

儿童问学课堂指向的是学生高阶思维的发展，指向的是未来社会创新人才的培养。儿童问学，问中有学，学中有思，思又生问。学生从起疑到进行有依据的辨析、判断，再到形成自己的观点，在此过程中逐步培育自己的批判性思维。

批判性思维是基于问题意识和反思意识，指向个体思维发展与成熟而做出的一系列合理、严密、系统的认知、推理、判断、论证、决定的大脑反应过程。培育批判性思维可以帮助学生树立高质量提问的意识，鼓励其不迷信权威，自主批判，大胆质疑，并能够及时反思，逐步养成分析、假设、推理、论证等思维习惯。批判性思维是思维发展的高级阶段，批判性思维的过程是在了解基本事实和观点的基础上质疑并提出问题，进而对问题进行分析并最终解决问题和产生新问题的一种认知活动。

一 课前游戏，初探"智"的内涵

中国画有一个技法叫"散点透视"，即画者根据需要从不同的立足点进行观察，不同立足点上所见之物都可入画。儿童问学课堂在培育学生批判性思维时也常用这样的方法，即让学生根据自己的生活观察和既有经验思考，面对同样的文本、同样的事实，确定自己的假设与逻辑起点。学生往往会在这个基础上大胆猜测、质疑和假设，在学习祖国语言文字的过程中，学会猜测、学会分析、学会假设、学会思考。如在学习《两小儿辩日》

时，在课前交流环节，教师引导学生对甲骨文"智"进行猜测。

师：五（3）班的孩子们，你们好！课前我们来玩一个游戏，好不好？游戏的名字叫看甲骨文猜汉字。有没有玩过？

生：没玩过。

师：那我们尝试一下。（出示：ᗡ）

生：口。

师：对的，再看。（出示：⊡）

生：日。

师：不错，有两下子。我们增加一点难度。（出示：𧘇）

生：人。

师："人"字在甲骨文中是弯腰垂手的形象。（出示：?）

生：箭。

师：意思是对的，但这个字古代读"矢"。还敢挑战吗？

生：敢。

师：这个字猜不出来正常，猜出来超常。（出示：𣁋）

生：知。

师：对的，很接近了，这个字就是今天的"智"。（出示：𣁋）到了秦朝时，人们又在这个"知"的下面加了个"日"。我们来猜猜看，古人为什么要用这一幅图来表示"智慧"的"智"呢？

生：有人被一支箭射中了，受伤了，自己知道。

师：你的猜测很有道理。自己知道就叫智。

生：说话像箭一样射出来，很快。

师：说话快，说明反应快，也是聪明的体现。那谁来猜想一下，后来为什么要在这个字的下面加上一个"日"呢？

生：了解近处的事如自己受伤，还能了解很远很远的事如太阳，这就是"智慧"。

（鼓掌）

师：你们都很有智慧。

生：知道得越多，自己就会像太阳一样发光。

师：那是智慧的光芒。从你们的发言中，我能看到你们身上闪耀的智慧之光。通过刚才的小游戏，我们可以发现古人对于"智"的理解是不断深入的。今天这节课，老师有一个愿望，希望通过这一节课的交流，我们也能对这个"智"有新的理解。有没有决心？好，雨果说最大的决心会产生最高的智慧。今天我们一起学习一篇非常有意思的文言文，题目是——读。

课前交流，以游戏为引子，从造字法的角度引导学生对"智"这个字进行初步的理解，为课中理解孔子和两小儿的智慧做铺垫。同时也是为突破本课教学的难点，即课文最后一句"孰为汝多知乎"中的通假字的理解做铺垫，即为什么"知"可以同"智"。虽是游戏，但对学生的观察能力、想象能力、表达能力都是一种挑战。

二 疏通文意，直面"问"的挑战

新课的开始，教师根据学生在问学任务单中提出的问题，分别按易错的字、难理解的词和难断的句等，分层次带领学生疏通课文。疏通的起点是学生的问学任务单，是学生自主悟学时产生的困惑。

（一）问学反馈：容易错的字

师："辩"是本课的一个生字，我们班很多同学都在关注这个字。（出示：辩 辨 辫）除了这个"辩"，同学们还列举了另外两个音同形近字，你们会区分它们吗？

生："辩"，是用语言辩论；"辨"是用眼睛分辨，那一点就是人的眼睛；第三个"辫"，扎辫子，会用到丝带。

师：好，你们就用这种方法记住它们。其实最容易错的是前面两个字。"辩"主要是通过语言来表达观点；而"辨"主要是根据特点来区分事物。记住了吗？

（二）问学反馈：不会断的句

师：课文能读下来吗？先自由读一读。

（生读）

师：谁单独给我们读一读？这一次朗读只有一个要求：不管读得对与错，都要字字响亮。开始。

（生读）

师：第一次能读成这样，已很让我惊讶了。只有最后一句（出示：孰为汝多知乎？）有一点小小的问题，这也是课前大家问得最多的一句。这一句到底怎么读？让我们一起来看一看。首先，这句话中有两个字很特别——"为""知"。谁来说说这两个字的意思？有没有发现这两个字的注释与其他注释不一样？

生：它们都解释为"同'什么'"。

师：对的，像这样的字叫通假字。关于通假字，老师只提醒一点，当一个字"同"另外一个字时，这个字的读音和意思就与它"同"的那个字一样。如这个"为"本来是一个多音字，但在这里只能读"谓"，同理，这个"知"在这里读？

生：智。

师：为什么这些字读音和意思同它们"同"的一样？还记得我们课前猜的"智"字吗？

生：因为它们中有的本来就是同一个字。

师：是的，这就是神奇的汉字。

师：那么这一句怎么断句呢？意思明白吗？谁来结合注释完整说一说这一句话的意思？

生：谁说，你很有智慧呢？

师：同学们听，他很自然地在"谁说"后面做了一次停顿。因为后面全是"说"的内容，就好比"谁说，你读不好呢？"。请你们一起读一遍这句话。

师：停顿的时候，音断而气连，一口气读完一句话就更有韵味了。（示范读）

（三）问学反馈：难理解的句

师：下面请大家对照注释理解课文，如果结合注释还不能理解，就在相关词语旁边打个问号。同桌间可以交流一下自己打问号的句子。

（生讨论）

师：经过同桌间交流还没有解决的句子，现在可以提出来，我们一起讨论。

（生尝试说课文大意）

师：你很会利用注释，所以讲明白了，很好。只是有的地方听起来有一点点生硬。因为这是注释中的解释，你可不可以用自己的话来说一说？

生：孔子到东方游玩，看见两个小孩在争论……

师：好多了。文中的这个"游"字，刚才他说是"游玩"，有没有不同的理解？

生：游学。

师：什么是"游学"？

生：留学。

师：其实"游学"与今天的"留学"还不太一样。古人学习有四种方式，分别是"藏""修""游""息"。藏，闭门学习；修，深入钻研（学习），可以是在学校；第三种就是"游"，周游天下，看自然万物、访名人贤士；息，休息。放松时可以用琴棋书画来修身养性。所以，我们可以看到古人无时无刻不在学习，因此，陆游才说——

生：古人学问无遗力。

师：我们来看看这一句话。这是课前很多同学提出的疑难句。（出示：日初出大如车盖，及日中则如盘盂，此不为远者小而近者大乎？ 日初出沧沧凉凉，及其日中如探汤，此不为近者热而远者凉乎？）齐读。

（生齐读）

师：知道"车盖""盘盂"分别是什么意思吗？（出示战国时期的战争图片）这是战国时期的战车的复原图。哪里是车盖？可以比画一下，有多大。估计你们要完全展开双臂才行。再看看注释中的盘盂是什么意思？

生：盛物的器皿，圆的为盘，方的是盂。

师：（出示春秋战国时的三羊底足盘和青铜盂）大家说说看，太阳有没有可能像这种方盂呢？其实后来的盂更多是圆形的。有多大呢？口径大约23-26厘米。比画一下有多大。我请个同学边比画边读。这句话的意思懂了吗？谁再来读一读？

（生边比画边读）

师：你读出了大小。

（生读）

师：你读出了冷暖，如果能注意一下反问的语气就更好了。

生："及其"的"其"是什么意思？

师：有没有同学告诉他？"其"在古代汉语中有很多种用法，其中一种用法是"这、那"的意思。如"其人丹凤眼,卧蚕眉"，就是"那人丹凤眼,卧蚕眉"，那个人是谁？

生：关羽。

师：其人豹头环眼，燕颔虎须，是谁？

生：张飞。

师：还可能是谁？

生：林冲。

师：为你点赞，你读名著真仔细。至于林冲的外貌，书中也是这样写的："那官人生的豹头环眼，燕颔虎须，八尺长短身材。"假如我说"其人豹头环眼，燕颔虎须，声若巨雷，势如奔马，手提丈八蛇矛"，这个人是谁？

生：张飞。

师：那现在能说说"及其日中如探汤"的意思吗？

生：等到那中午的时候，就像把手伸进热水里一样热。

师：真好，这里面的"汤"字你解释得很准确。今天的"汤"指什么？

生：今天的汤是各种食物加水煮成的液体。

师：古代呢？

生：单纯指热水。

师：能不能说一个带"汤"字的成语？

生：固若金汤。

师：金属做的城墙、开水灌的护城河，比喻阵地坚固。

生：赴汤蹈火。

师：不错，奋不顾身，不避艰险。

生：以汤沃雪。

师：用热水浇雪，形容效果明显。你们的成语积累真丰富。其实这两句话的前半句都不难理解，老师仔细看了大家的问学任务单，发现主要问题在四个"者"上。（出示学生的问学任务单）有同学解释为"远着""近着",有同学解释为"远的""近的",还有同学解释为"的地方""的时候"……那到底怎么理解这个"者"呢?老师课前翻阅了《古汉语常用字字典》,发现"者"有以下解释:指人、事、物、时间、地点等。可以译为"的"或"的人""的东西""的事情""的时候""的地方"等。我们来看几个句子。(出示:①宋人有耕者。)这里的"者"是什么意思?

生:……的人。

师:连起来说一说。

生:宋国有一个种田的人。

师:再看(出示:②不放心者最是一件,我有一个祸胎,是这家里的混世魔王……)

生:……的事。

师:很好,那"此不为远者小而近者大乎?"中的"者"呢?

生:……的时候。

师:一点就通,为你点赞。请你把这个句子的意思连起来再说一说。

生:这不是离我们远的时候看起来小,而离我们近的时候看起来大吗?

师:还有一句,谁来说?

生:这不是离得近的时候感觉热,而离得远的时候感觉凉吗?

师:真不简单,一下子就把这句话说清楚了。还有没有其他问题?如果没有,我们就完整地读一遍课文。

(生齐读)

质疑并提出问题的目的是更深刻地认识问题并解决问题,是为了求得更全面的知识和认识。只有在真正理解基础性事实和相关问题的基础上,才能更合理地进行质疑和批判。如在学习《两小儿辩日》时,学生的质疑就是建立在对基础知识理解的基础之上。如:"孔子东游"中的"游"是什么意思?"孰为汝多知乎?"中的"知"是什么意思?"及其日中如探汤"

中的"其"要翻译吗?"此不为远者小而近者大乎?""此不为近者热而远者凉乎?"中的"者"到底是什么意思?……这些问题为更好地理解、审辨、反思、评价奠定基础。

古诗文是中华优秀传统文化的瑰宝,她有强大的文化魅力。文言文的教学应该体现文化的力度,真正做到以文化人。教师结合古人读书四法(即"藏""修""游""息")来解释"游学"、结合《三国演义》和《水浒传》中的人物描写来帮学生理解"及其"的"其"等环节都体现了文言文教学的这种文化力度,给学生带来了全新的理解和感悟。

三 阅读辩论,体会"智"的观点

文中的两小儿争辩的内容是本课学习的重点,也是难点。借助读,并让学生讲一讲,引导学生进一步疏通句子,理解课文内容,不仅调动了学生探究文本的兴趣,还为下面深入理解并形成批判性思维做好铺垫。

(一)再读课文,厘清观点

师:意思明白了,两小儿的观点,你们清楚吗?

生:一小儿认为太阳刚出来时离人近,中午时离人远;另一小儿认为太阳刚出来时离人远,中午时离人近。

师:这是两小儿的观点,他们各自的理由你们能各用一个字来概括吗?谁能上来填一填?

[生板书:近(大)远(小)　远(凉)近(热)]

师:填得好,字迹工整,用字精准。谁来根据这个板书给我们讲一讲这个故事?

(生讲故事)

师:讲得好,很完整,滴水不漏。让我们再来读一读课文,这一次,我们分一下角色：左边两组，读第一小儿的话；右边两组，你们是第二小儿。我来读旁白。朗读时要注意，要把人物各自的观点鲜明地亮出来，各自的理由要大声地说清楚。听明白了吗？

（师生分角色读）

（二）体味观点，分组辩斗

1. 与同桌辩。

师：（出示：问学任务单）有同学问，文章开头的"辩斗"可不可以换成"辩日"？

生：不能，因为孔子刚开始并不知道两小儿争论的内容。

师：从哪里可以看出孔子不知道？

生：从"问其故"可以看出。

师：你很严谨，那能不能把这个"斗"字去掉呢？

生：不能，因为"斗"有打斗的意思，表示辩的程度很激烈。

师：有道理。那究竟什么是辩斗？看来光解释没有用，还要体验一下。同桌之间可以先辩一辩。

（同桌辩）

师：哪一组同桌愿意站起来给我们展示一下你们的辩斗？

（同桌展示）

师：看来，你们比较信奉孔子的"君子无所争"的观点。谁来给他们提提建议？

生：我觉得他们应该把那种大小、冷热的对比读出来。

生：我也觉得他们少了一些"辩斗"的味道。

师：你们愿意接受他们的建议吗？

（生点头）

师：这一篇课文其实教会了我们很多辩的技巧。比如说先亮观点、后摆事实；再比如讲理由时，用反问句，加强语气，增强语势。但还有一个小秘密藏在文字里面，（出示：此不为远者小而近者大乎？此不为近者热而远者凉乎？）有没有同学发现了？

师：没看出来，提醒一下大家，能不能将第二句的"凉"和"热"位置对调一下？对调完不但与自己的观点对应，还能与第一小儿的辩词对应。

生：不能换。

师：为什么？

生：……

师：你们可以读一下调换位置后的句子。

（生读）

生：我发现了，如果调换后，这个"热"放在后面就没什么气势了。

师：你太厉害了。同学们一起来试一下。

（生读）

师：你们有没有发现，我们在读"大""凉"这些字时都会把嘴巴充分打开，这样的字放在句子的末尾读起来才会更有气势。明白了吗？这也是辩论的一个技巧。

2. 选对手辩。

师：我们再请一组来展示一下，你们希望听谁和谁辩？提个要求，这一次你们辩论时，我不喊停，你们就一直辩，好吗？

（生辩）

师：情绪到位了，这才是辩斗的状态！给他们掌声。

3. 摆事实辩。

师：一句话来回说没什么说服力。你们可不可以给两小儿各自再找一个新的理由？我们请左边两组给第一小儿找理由，右边两组给第二小儿找理由。

（生思考）

师：想好的同学站起来，我们两大组来辩一辩。谁来做"一辩"？"一辩"要先说明本方的观点和理由，然后其他同学再开始自由辩论。自由辩论时，要注意有来有往，一人一句。

生：日初出大如巨石，及日中则如盘子，此不为远者小而近者大乎？

生：日初出凉凉爽爽，及其日中似炭火，此不为近者热而远者凉乎？

生：日初出大如玉盘，及日中则如红豆，此不为远者小而近者大乎？

生：日初出冰冰凉凉，及其日中如探火炉，此不为近者热而远者凉乎？

生：日初出大如地球，及日中则如气球，此不为远者小而近者大乎？

生：日初出如抱冰，及其日中如在火伞下蒸，此不为近者热而远者凉乎？

…… ……

师：你们是聪明的小儿，也是能言善辩的小儿，这才叫辩斗。（话筒递给一名同学）给你一个机会，说一说对方的破绽。

生：……

师：看来刚才光想着自己要说的了，是吧？不要紧，以后辩论时要注意，不但要想好自己说什么，还要听清楚对方在说什么。整体来看，非常好！看你们辩斗，我仿佛看见那两小儿从春秋时期穿越到了夏天的如皋，再次为你们点赞。

这里再次紧扣学生提出的问题，进行挑战性任务的设计——由"辩斗"能不能换成"辩日"说起。教师在学生自由朗读的基础上进一步提出读的要求，让学生试读，教师点评，既达成了读正确、读通顺的目标，又让学生在积极主动的"读"中加深了对文章基本内容的理解。只有在了解了主要事件的基础上，学生才能更充分地质疑。课题是"两小儿辩日"，这里由浅入深，以"辩"导入，以"辩"代"读"，以"辩"代"讲"，设计了"与同桌辩""选对手辩""摆事实辩"三个层次的有挑战性的"辩读"，点燃了学生思维的火花，也激发了他们的好奇心与探究欲，使学生自觉投入到课堂学习中去。

四 孰是孰非，体悟"智"的内涵

文本是阅读的重要根基，文本中的事实是各类思维的基本材料。但对文本事实把握并非易事，甚至可以说，挖掘和确认文本事实，本身就是阅读的重头戏。尤其在文学阅读中，文本事实往往具有隐蔽性与多义性，容易造成理解上的分歧。拥有批判性思维的人总是能对既有的结论提出自己的疑问和挑战，而不是简单地接受。在教学过程中，教师要引导学生理性分析教学内容，而不是全盘接受。学生还提出"两小儿'笑曰'的笑是'嘲笑'还是'善意的笑'"这个问题，一直以来，大家对此都争论不止。课上，教师这样引导。

师：两小儿争了半天，后来向孔子请教，结果怎么样？

生：孔子也不知道。

师：文中怎么说的？

生：孔子不能决也。

师：所以这个"决"是什么意思？

生：判断谁对谁错。

师：孔子不能决的事，你们有人知道吗？我们再来看一个同学课前的提问。（出示问学任务单：两小儿谁说的是对的？）

生：早晨与中午太阳离我们的距离之差是可以忽略不计的，只是错觉骗了我们。

师：你很智慧。不过，我还有一个问题没弄明白。既然距离是一样的，那为什么"日初出沧沧凉凉，及其日中如探汤"呢？

生：早晨，太阳是斜射到地球上的，所以地上吸收的热量就少一些，就感觉沧凉了；到了中午，太阳光线笔直射在地球上，地上吸收的热量多了，所以就热了。

师：感谢赐教。果然是才女，也感谢你为我们科普。相关原因，如果同学们还想进一步了解，请回家上网搜一搜《两小儿辩日的科学真相》这一篇文章，看了这篇文章，你们一定会了解得更透彻。同学们都在问谁对谁错，老师想问大家的是"谁对谁错"真的那么重要吗？说说你们的看法。

生：重要。

师：为什么？看来你做事比较看重结果。有没有不同的观点？

生：不重要。

师：那你认为什么才是最重要的？

……………

师：这两个孩子有什么特点？

生：善于观察，爱思考。

生：有好奇心，有求知欲。

生：有自己的观点。

师：你们真的很有智慧，你们一下就看到了问题的本质。（出示：单元人文主题"科学发现的机遇，总是等着好奇而又爱思考的人。"）齐读。

（生齐读）

师：是的，人类的许多发现和发明都来自好奇心。在我们成长的过程中，有好奇心，热爱思考，有求知欲远比对错更重要。

其实，问题的最终结果并不重要，关键在于让学生全程参与这个分析的过程。尤其是能让学生换一个视角，联系本单元的人文主题"科学发现的机遇，总是等着好奇而又爱思考的人"来思考，很多问题便迎刃而解：对错不重要，关键是要有好奇心和求知欲。

师：（出示问学任务单）有同学问，两小儿"笑曰"的"笑"是"嘲笑"还是"善意的笑"？

生：我觉得是嘲笑。

师：说说你的理由。

生：那么大的学问家，连小孩的问题都答不出来。

师：做你的老师，压力会有点大。有没有不同的看法？

生：我觉得是天真的笑。

师：为什么？

生：孩子是天真无邪的，所以不会对长辈无礼，孩子不可能嘲笑圣人。

师：孩子天真在哪里？孔子是什么人？

生：大学问家、大教育家。

师：小孩提出的问题，结果把这样一个大学问家难住了，所以他们笑了，这是什么笑？

生：我觉得是得意的笑、纯真的笑。哈哈，这个问题我都知道，你居然不知道。

师：说得好。现在，如果你们就是那两个有好奇心和求知欲的小儿，你会怎么去读课文的最后一段？

（生读）

师：从这一句，你们看出孔子是什么人？

生：孔子很谦虚，很好学。

师：其实无论是天真的笑，还是得意的笑，其原因都是？

生：孔子不能决也。

师：请同学们想想，孔子为什么不能决？（出示问学任务单：孔子为什么"不能决也"？）

生：因为他不知道，不知道就不决。

师：你认为孔子有什么特点？

生：实事求是。

师：用他自己的话讲，就是——

生：知之为知之，不知为不知，是知也。

师：（出示问学任务单：孔子是不知道不决，还是知道不想回答呢？）这个同学的问题也很有意思。谁来说说自己的想法？

师：孔子有可能不知道。我们现在假设孔子知道，他会下结论吗？

生：不会。

师：为什么？

（生深思）

师：刚才我们说，这两个小孩有什么特点？

生：有好奇心和求知欲。

师：刚才你们也说了，孔子是大学问家，大教育家。你们认为作为大教育家，他在知道答案的情况下会不会进行决断？

生：不会。他会保护孩子的好奇心。因为他无论判断谁对都会伤害另一个孩子，大教育家不会伤害任何一个孩子。

师：你将来要是做老师，一定会是一个很高明的老师。你讲得很有道理，看来"能决"是一种智慧，"不决"同样也是一种智慧。"能决"是大学问家干的事儿，"不决"是大教育家干的事。孔子是大学问家，也是大教育家。他为何不决，我也不能决也。这样说来，课文最后两段还真的挺耐人寻味的。这就是文言文的魅力。

在批判性思维培育的过程中，我们还要看学生的分析是否符合逻辑，是否经受得住质疑。其实"决"与"不决"也不能说明什么。学生结合自己查的资料，明白了孔子的身份，从大学问家和大教育家的角度去看"两小儿"的反问，没有产生传统的"绝对化"的认知。杜威说，思维是"不断的、一系列的思量"，它"连贯有序，因果分明，前后呼应"，批判性思维也是一个结合自己掌握的材料事实，通过大胆假设，进行持续的、连贯的、彼此呼应的推理过程。

师：现在请大家闭上眼睛回忆一下课文内容，看能不能把故事完整地回放出来。大家可以背出来吗？有困难的同学，允许看课文。

（生背诵）

师：很好，我发现你们不但有超强的悟性，还有惊人的记忆力。孩子们，学到这里，你们对"智慧"的这个词有新的理解了吗？

生：两小儿有智慧，因为他们善于观察，有好奇心、求知欲，这些是智慧的源泉。

师：那孔子有智慧吗？

生："能决"是一种智慧，有时"不决"同样也是一种智慧。

师：你们说得好，孔子的智慧其实是无处不在的。所以，希望同学们能永远保持好奇心和求知欲，因为那是智慧的源头。只要我们拥有这种好奇心和求知欲并不断探求，我们就能获得更多的智慧。有了更多的智慧，我们身边的人、事、物以及我们读过的书、看过的电影等都会以全新的面貌出现在我们面前。今天的课就上到这儿，谢谢同学们，下课。

整个教学都是围绕一个"智"字展开。对于"智"的认知，从"说话像箭一样射出来，很快"到"了解近处的事如自己受伤，还能了解决很远很远的事"，再到"两小儿的智慧来自他们的观察和好奇心、求知欲"，"孔子'能决'是一种智慧，有时'不决'同样也是一种智慧"，可以看出，学生在对批判型问题的思考中形成一定的建设性认知。教师让学生从这个过程中看到文本的内核，也看到自己成长的足迹。由此，学生的生活观察和既有经验又会上升到一个新的层次。尽管有时这种思考也会有不够全面或不完全正确的情况，但随着学习进程的推进，学生开始寻找原因，并对原有的思维过程进行调整和完善，不断在新的思考、假设与分析的过程中实现思维的进阶。

批判性思维是核心素养中有关"思维发展"的核心要素。在教学过程中，大力培育批判性思维，对促进学生批判质疑、提出问题、勇于探究、勤于反思等素养的提升，适应祖国未来所需非常有意义。

持续性建构：迈向自然真实的语文学习
——以《古人谈读书》（二）教学为例

项目化学习视域下的儿童问学课堂是在"双减""双新"背景下的一种学习真实发生、思维自由发展和核心素养自然生成的课堂教学样态。课前，学生可以不用完成任何预习任务，而是走进课堂才开始真正触摸文本，开启朗读课文、思考质疑、探究未知之路。教师可以让学生在零起点基础上实现语言和思维的持续性的建构。

一 课前交流

《古人谈读书》（二）本没有题目，"读书有三到"是在学习过程中学生给《古人谈读书》（二）拟的题目之一。教学时，为让学生更好地自主悟学并完成整体感知，教者设计了以下教学片段，帮助学生整体感知课文。

（一）结合范例拟题

师：今天，我们一起学习一篇短文（出示课文）。就是这篇，会读吗？自己先读一遍。

（生读）

师：这篇短文的小标题是"二"，不太好听，能不能给它加个题目？通常我们会怎样给古代的文字片段加题目呢？请大家看。（出示《诗经·蒹葭》）猜一猜，这首诗叫什么名字？

生：在水一方。

师：你找的是最有诗意的一句，完全可以。这首诗的题目后来叫《蒹葭》。再看孟子说过的一段话。（出示《孟子·告子上·鱼我所欲也》）猜猜看，题目是什么？

生：鱼。

师：这一段文字不是讲鱼这种动物，而是讲了舍生取义的道理，题目是《鱼我所欲也》。依据这个方法，我们可以给这段文字加个怎样的题目？

生：读书有三到。

师：反应真快，不但抓住了首句，还抓住了文章的关键句。请把你拟的题目写到黑板上。

（生板书）

（二）结合作者拟题

师：这是一种方法，用文章的首句或首句中的关键词。我们还可以怎样加？比如这篇文章的作者是？（出示朱熹简介）

生：朱熹。

师：我们还可以怎么加题目？

生：朱熹谈读书。

师：你这个题目比"古人谈读书"更能概括课文内容，请你上讲台把课题修改一下。

教学伊始，教师抓住文本无题的特点，通过让学生给这段话拟题来达到整体感知课文的目的。整个过程自然而真实。

二 自主提问

教师还应该让学生直接走进文本，在整体感知的基础上，在读熟课文的基础上，在自我思考的基础上，对文本内容中的疑惑处进行主动发问。

师：让我们把这两个题目连起来读一遍。

生：朱熹谈读书，读书有三到。

师：你们更喜欢哪个题目？请你们将喜欢的这个题目代入进去，齐读一遍课文。

（生齐读）

师：第一次齐读就这样字正腔圆，很了不起。谁来单独读一下课文？

（生读）

师：读得非常好，节奏很准。有的地方还要注意停顿，比如标点处的停顿。还可以根据意思停顿，文中的语气词在读的时候可以适当拉长。听老师读一遍。（师范读）

师：谁再来单独给我们读一遍？老师有一个要求，请读得慢一点，每一个字要读得清清楚楚。

（生读）

师：在不懂意思的情况下，你能读得这么有味，很了不起！能读懂文章吗？我找个同学读一下任务一。

生：默读课文，在自己不懂的地方画个问号，并和小组成员说说自己的问题。把讨论后认为最有价值的一个问题写到问学展示板上，建议问题控制在10个字以内。时间4分钟。

师：写好问题的同学请把问学展示板贴到黑板上。

主要问题：①"余""尝"是什么意思？②"心到""眼到""口到"分别指什么？③为什么"心到最急"？（5组）④"亦"是什么意思？⑤文中两个"谓"的意思一样吗？⑥文章告诉我们什么道理？

学生通过结合注释理解疏通文意，并圈画出自己理解的疑难点。这是真实的问和真实的学。学生现场生成的这些问题，为课堂教学活动指引了方向。

三 问题梳理

儿童问学课堂创新实践的一大挑战就是零起点教学，教师需要带领学生在课堂现场梳理学生提出的所有问题，并将其进行转化和生成挑战性学习任务。

师：老师刚才观察了大家提的问题，主要有三类：一是对字词不理解；二是对课文内容不理解；三是对道理不理解。现在，能不能请同学们把这些问题归归类？相同的问题只留下一个。

（生归类）

字词不理解	内容不理解	道理不理解
①"余""尝"是什么意思？ ④"亦"是什么意思？ ⑤文中两个"谓"的意思一样吗？	②"心到""眼到""口到"分别指什么？	③为什么"心到最急"？（5组） ⑥文章告诉我们什么道理？

通过师生合作梳理学生的问题，基本确定了学习的方向和要解决的核心问题。师生还通过调整贴在黑板上的问学展示板，让问题分门别类地呈现。

四 自主建构

在儿童问学课堂的创新实践过程中，自主建构的过程常常以对话为常态、以思维发展为主轴。

（一）语言建构

1. 课前对话。

师：（板书：谈读书）从古至今，对于读书，每个读书人都有自己的方法，你们有没有自己的方法？

生：我在读书的时候会带着一定的目标去读，每读一遍，都觉得自己有所收获。

师：这是一种很好的读书方法，苏轼也喜欢这样读书，他把这种方法称作"八面受敌法"。也就是每一本好书他都要读好几遍，每一遍都只带一个目标。如他在读《汉书》时，第一遍学习"治世之道"，第二遍学习"用兵之法"等。还有同学愿意分享自己的读书方法吗？

生：我喜欢一边读，一边思考，思考文中到底讲了什么，是怎么讲的，我能从中学到什么。

师：你也很会读书，法国启蒙运动代表卢梭就说过："读书不要贪多，而是要多加思索。"跟你讲的方法一样。还有同学想分享吗？

生：我以前喜欢读漫画书，但现在的我更喜欢读有一点挑战性的书。因为爸爸说，读这些书会让我进步更快。

师：你刚才说的这一点很重要。有时候，我们读书不要总是追求轻松地读，也要尝试费力地读一些书。鲁迅把这种方法叫"硬看"，也就是对难懂的必读书，要硬着头皮读下去，直到读懂钻透为止。好的，你也想分享。

生：我认为读书应该安静地去读，只有这样才能更深入地走进书中。

师：你讲的这种方法也很重要。画家陈丹青曾写过一篇文章，就叫《读书是一件很安静的事情》，和你的观点一样。同学们一口气说了这么读书方法，看来五（3）班的同学都是读书高手。

课前对话，聚焦了读书方法，更聚焦了学生的语言表达。通过师生对话联结了课文与学生的读书生活，还拉近了学生和古今中外名家的距离，更重要的是让学生对自己的读书方法产生了高度的自信，因为古今中外的很多名家也是这样读书的。

2.课中对话。课中的对话,主要围绕学生提出的问题展开。教师引导学生对未知进行主动探究,开展各类语文实践活动。如针对学生提出的问题"'心到''眼到''口到'分别指什么?",课上,师生进行了如下对话。

师:那到底什么是"心到""眼到""口到"?文中有没有给我们提示,什么是"心到"?

生:"心到"在文中体现在"专一"这个词上,也就是在读书时要高度专注。

师:还有吗?(出示单元导语"旧书不厌百回读,熟读深思子自知"。)请大家看单元导语。

生:"心到"还体现在"深思"。也就是说,读书不但要高度专注,还要深入思考。

师:讲得好。那"眼到""口到"又是什么意思呢?

生:眼到,就是要看仔细。

师:对的,这是我们从文中发现的。请大家再看看朱熹在《童蒙须知》中说的这一段话。

生:这里面告诉我们"眼到"就是"详缓看字,仔细分明"。

师:什么意思?说说你的理解。

生:眼到,就是要详细地看,慢慢地看,看仔细,看分明。

师:讲得很清楚。那么"口到"呢?谁来说?

生:"口到"就"须要读得字字响亮"。

生:读正确。

生:多读几遍。

师:所以,"口到"就是——

生:读响亮,读正确,还要多读。

这种对话，既包括师生对话，也包括与课本的对话、与作者的对话，但都是以学生为中心的对话。在对话的过程中，每个学生的问题都能够得到尊重，每个学生都拥有对话的机会，他们在对话中实现语言的自我建构。

3.自如运用。儿童的语言建构是在真实的生活情境对话中实现的。如对于问题①，即"余"是什么意思，听了小组的分享后，教师这样引导。

师：现在你理解"余"是什么意思了吗？

生："余"是"我"的意思。

师：对的，请你用"余"介绍一下自己。

生：余姓何，名广元，高淳固城人也。

师：好名字。（话筒给另一学生）请你也介绍一下自己。

生：余十二岁，固小五（3）班学生也。

师：好，十二岁，在古代可以说成"十岁有二"，重说一次。

生：余十岁有二，固小五（3）班学生也。

通过小组合作交流，学生不仅掌握了"余"的意思，还能用"余"进行自我介绍，实现了语言的自我建构。

（二）思维建构

1.转化问题。在儿童问学课堂中，为了让学生能真正地触发思维中的迷茫点，教师会给学生充分的自由的思考时间和安全的提问空间。如对于学生普遍关心的问题"为什么'心到最急'"，教师这样引导。

师：同学们，短文的意思明白了，现在，对于读书的方法，你们有没有新的收获？

生：学了这篇课文，我知道了"读书有三到，心到最重要"。

师：好的，请你上讲台把"心到最重要"写到"读书有三到"后面。请同学们把这一行字连起来读一读。

生：读书有三到，心到最重要。

师：你们看，这就是本文的观点。

师：那作者是怎么把这个观点说清楚的呢？

生：作者先说"心不到"的后果，再说"心到"的结果。

师：心不到，会怎样？

生：心不在此，则眼不看仔细，心眼既不专一，却只漫浪诵读，决不能记，记亦不能久也。

师：也就是说——

生：心不到，眼睛就不会看仔细。

生：眼睛看不仔细，就会读得很随意。

生：读得随意，就会记不住读的内容，即使记住也不长久。

师：所以——

生：心到最急。

师：如果"心到"，会怎样？

生：心既到矣，眼口岂不到乎？

师：也就是说——

生：心到了，眼和口就能到。

师：所以——

生：心到最急。

师：现在，我们再回过头来看，作者是怎么把这个观点说清楚的？

生：作者先是从反面说，心不到的后果；然后再从正面说，心到的结果。

学生通过再次回顾课文，很快梳理出作者表达观点的思路。在这个过程中，学生已经能够理解"心到"的重要性，并厘清了作者的说理方法。

2. 多重表达。学习活动更多的应该是思维的活动，不能让学生的学习只在一个水平面上做滑行，而应该是一个攀岩的过程。

师："心不在此……记亦不能久也。"这是心不到的后果。倘若我们把这句话也正过来说，你们会说吗？

生：心若在此，则眼看仔细，心眼能专一，能认真诵读，就能记，记得也久。

生：心若在此，则眼必看仔细，心眼既专一，能专心诵读，一定能记，记亦能久也。

师：讲得好，逻辑清楚，且能变化着说。从他们刚才讲的，也可以看出——

生：心到最急。

为了让学生更进一步理解"心到最急"，教师不满足于只是让学生厘清文章的思路，还让学生将文中反面论述的话正过来说，让学生将正面论述的反问句用陈述句说。在这个过程中，学生实现了语言和思维的双重建构。

在这样的学习过程中，学习发生于问题，行经于过程，结束于结论。但学生不是只通过单一的路径到达结论，而是多通道抵达，同时在结论出现的那一刻，学生内心还会不断产生更高思维层次的问题，不断促使自己向前一步，再向前一步，这就是自然而真实的学习。

第七章
习作教学

整体设计：单元习作教学的项目化实施
——以习作《变形记》教学为例

儿童问学课堂的实施需要进行整体设计。就习作教学来说，这种整体设计既强调单元内容的整合，也包括单元内容和学生生活经验的整合，还包括学生个体新旧写作知识的整合。在具体教学时，可以打破原有的单元编排，重新组合，对标单元要素，提炼写作方法，帮助学生有效完成写作任务。

一 任务解读

（一）习作主题

六年级上册第一单元习作的主题是"变形记"。教材内容分四部分呈现。第一部分以启发式的问题开启学生的习作思维：如果可以变，你打算怎么变；第二部分出示范例：变化后，你不能再做一个旁观者，你的体型、能力、性格以及观察和体悟的视角等都会发生改变；第三部分给出示例题目：发挥想象，并把自己变形后的经历写下来，把重点的部分写得详细一些；第四部分提示分享和修改建议：写完后通过交换习作将自己想象的故事与同学分享，看看他们对你的"世界"是不是感兴趣，还要适当注意如何让你的习作吸引人。

习作主题"变形记"只有三个字，但训练的重点和难点并不是"变形"，而是"记"。"变形"容易"记"下难。"记"就是将发生的事情写下来。"变形记"即让学生想象自己变形后会发生什么故事，并将自己变形后的所见、所闻、所感写下来。如何引导学生发挥想象将自己变形后的经历写清楚是教学的难点。教学时要引导学生对现实生活进行回忆、加工、综合、创造。教师应重点关注想象的过程指导，辅助学生梳理思路，大胆想象，组织语言，呈现优质的想象结果。首先，是让学生确定"怎么变"，引导学生找到想象的触发点，充分展开想象，积极鼓励学生合理想象，突破时空的限制，进行个人角色转换；其次，让学生想象变形的结果，"变形后的你有哪些所见、所闻、所感"。通过细致的描绘，把崭新视角下的人、事、景、物写出来，增强故事的可读性。

（二）关于想象

纵观统编教材，想象能力的训练渗透在每一个学段：第一学段要求"展开想象"，初步建立句子的概念，获得初步的情感体验，运用所学的词语把想象的内容写下来；第二学段要求"走进想象的世界"，感受童话、神话丰富的想象，进一步感受想象的神奇；第三学段，点燃"思维的火花"，了解人物的思维过程，加深对课文的理解，阅读时能从所读的内容想开去。更高层次的要求是学生能"借助语言文字展开想象，体会艺术之美"。同为想象的主题，从第一学段的"初步体验"，到第二学段的"展开想象编故事",再到逐步偏重思维力的训练,甚至是对想象的审美体验,教材对想象力的训练呈现出清晰的梯度,有着很强的序列性。另外,从第二、三学段的习作训练来看,想象能力训练的方法也从第二学段要求编别人(或自然物)的故事,到第三学段编自己的故事或生活的故事。想象的方向发生了明显的转变。此时的想象训练是学生在已有形象的基础上,在头脑中将自己置身其中,强调的是自己的体验,是"自己的独特感受"。想象的范围越来越小,对于想象物的描述却越来越深。本次习作训练,不同于以往训练的类型,它不是一般意义上的观察想象,不是将未来可能会出现的结果移入今天的超前想象,也不是通过对一些根本不存在的事物进行描写的虚幻想象,而是一种假设类想象。如何在具体教学中把这一能力的培养落到实处,也是本单元习作教学的难点。突破难点,需要我们整合单元各部分内容,才能更好地发挥单元整体设计的效用,从而提高学生的想象力和写作能力。

二 作前准备

为更好地进行单元统整,我们对本单元的内容进行了梳理,以便高效地围绕单元要素多角度、全方位引导学生进行练习。

(一)全局性统整

六上第一单元围绕"触摸自然"的人文主题和"阅读时能从所读的内容想开去"的语文要素,选编了精读课文《草原》《丁香结》《古诗词三首》和略读课文《花之歌》等内容。精读课文的教学目的是学"法",略读课文在教学时引导学生将在精读课文阅读中习得的方法运用到略读课文的学习中去。学生在自主阅读的过程中强化已习得的阅读方法,以达到进一步提升阅读能力的目的。本单元的语文要素是"从所读的内容想开去",

《语文园地》中的"交流平台"是对这一要素的进一步提炼、总结和巩固。"想开去"可以把文字还原成画面，想想自己置身其中，会有怎样的举动和感受。阅读时，读进去，再想开去，阅读就不会仅停留在感受内容的层面，而会形成以这篇课文为中心的网状阅读结构，思维便能走向深入。习作《变形记》的训练要素是"习作时发挥想象，把重点部分写得详细一点"，也是围绕单元要素"阅读时能从所读的内容想开去"设定的。想清楚，才能有条理；想得越丰富，重点部分才能写得越仔细。教师要加强阅读方法和想象能力的迁移与运用，重视阅读与习作的横向联系。

（二）铺垫性训练

在本单元的学习过程中，除了在阅读与鉴赏、表达与交流中完成语言的建构和运用，学生的直觉思维、形象思维、逻辑思维和创造思维也应当得到发展。从写作的角度看，写作过程中始终伴随着形象、情感。想象思维始终伴随着形象，是通过"象"来构成思维流程的。形象思维也离不开想象和联想。如何利用单元教材的内容提升学生想象和联想的能力？首先要找到单元课文中的训练点。

六上第一单元"读写结合"训练点列举

◇课后习题

①朗读课文，想象草原迷人的景色。（《草原》思考1）

②雨中丁香具有怎样的特点？想象一下这幅画面，作者为什么说"丁香确实该和微雨连在一起"？（《丁香结》思考2）

③《六月二十七日望湖楼醉书》每一行诗句都是一幅画，说说你看到了怎样的画面。（《古诗三首》思考3）

◇ **自读提示**

④朗读课文,想想从哪些地方可以看出"我"是花,再找出课文和"阅读链接"中想象奇特的地方,和同学交流。(《花之歌》)

◇ **交流平台**

⑤阅读《丁香结》,读懂这篇课文写了丁香花的颜色、样子和气味,就可以想想自己在生活中见到的其他植物,如桂花、梅花、栀子花,是什么颜色,有什么气味?

⑥阅读老舍的《草原》,可以想到老舍的其他作品或其他作家写草原的作品;读懂了课文中主客聚会的欢快场景,可以想象如果自己置身于这个场景中会怎样;理解了写景时融入感受的方法,可以想到在今后的习作中运用。

◇ **单元课文**

⑦《草原》课文中"翠色欲流""迂回"等词语含义丰富,画面感强。

⑧《丁香结》从多角度描写了丁香花的形象,为读者提供了想象的空间。走进语言文字,进入文境,从所读的内容中展开联想。

⑨《古诗三首》每一首都是一幅画,引导学生通过诗人的描写想象眼前出现的画面。

⑩《花之歌》:读想结合。

…… ……

想象的类型有很多,本单元教学内容可以用来培育学生的再造性想象和创造性想象的能力。其中①③⑦⑧⑨处都属于"再造性想象"的训练点,即根据语言文字再造事物形象。如第⑦训练点,我们可以引导学生扣住"翠色欲流"这个词语在脑海里建构画面。它有两种不同的视觉形态:近镜头,草原绿得浓厚,给人"欲流"的感觉;远镜头,极目远眺,草原与长空相接,翠色千里,连绵不断。第⑧训练点,我们可以引导学生将自己的生活经验与作品融为一体,分别想象"城里城外的丁香花""校园里的丁香花""'我'家屋外的三棵白丁香",它们的形、色、味的特点和画面。第⑨训练点,古诗《宿建德江》,教师可以引导学生边读边想象夜幕降临时江中小舟、烟雾迷蒙、孤身夜宿、旷野无边、天比树低等情景。而第⑩训练点,属于"创造性想象"的训练点,即独立创造新事物形象。学生自读完这一篇文字以及课后相关链接,教师可以布置以"××之歌"为题的小练笔,如"小草之歌""白云之歌""春风之歌"等,模仿课文写成一首散文诗,用这些方法来训练学生的想象力。

联想的类型有类似联想和因果联想等,第⑤训练点属于类似联想,即空间或时间上接近的事物;第②和第④训练点属于因果联想,即有因果关系的事物,这一点在交流平台中已经提供了很明确的交流和练习的方向。

教材中训练想象力的入口有这么多,但并不是所有的点都要用来训练。每一个训练点的选择与使用,既要多角度指向最终的习作训练,又要注意减轻学生学业负担,还要结合学生学习的兴趣点和教师个人学养来寻找教学起点,充分激发学生阅读和想象的兴趣,尽量做到不重复、不模糊,为学生创设更广阔的思维空间,促进语言的创生和思维的提升。

(三)针对性阅读

在梳理统整的过程中,我们也发现,本单元的内容有关想象力的训练点很丰富,但在语言结构上却不能给学生提供现成的范例。如《风之歌》中都是以诗的语言概述"我是什么",却没说"我能怎么样"。这对于本单元的习作要素"把重点的部分写得详细一些"来讲没有提供方法支架。好在统编教材"三位一体"的阅读教学理念,可以让我们另寻方法和路径。精读课就是举例子、给方法,激发学生读书的兴味;略读课主要让学生自己读,把精读课学到的方法运用到略读课中,自己去试验、体会;课外阅读与上两者配合进行，才能让学生具体地写。本次习作的主题是"变形记"。类似的主题有卡夫卡的《变形记》等。课前，我们可以布置学生读一读卡夫卡的《变形记》，尤其是小说的第一、二部分，能给学生以有益的示范。这里还可以帮学生回顾统编教材三年级下册的课文《小真的长头发》《我变成了一棵树》等，以帮助学生巩固"把重点的部分写得详细一些"的习作方法。

阅读时，可以提醒学生重点关注格里高尔变成甲虫以后的"心理描写"和"甲虫看到的世界"这两个方面。可以从"心理描写"中选择"内心独白"和"第一人称直接倾诉"这两个点来教学。学生阅读时只有将这些文字转化成内心印象，才能更好地储备丰富的表象，才能在习作时呈现更丰富的想象。有了对想象的认知，读写活动才会丰富多彩、趣味盎然。通过有针对性的阅读激发想象，将阅读和习作巧妙地结合在一起，读写之间的通道就自然形成了。

三 教学过程

（一）作前指导

1.阅读交流，激发想象。

（1）回顾纪伯伦的《花之歌》《啊，风》。

（2）交流卡夫卡的《变形记》的第一部分内容。学生交流自己最喜欢的段落并说一说喜欢的原因。先组内交流，再推荐小组成员在全班交流。

（3）教师点评。《变形记》的第一部分，推销员格里高尔某天早上醒来后变成了甲虫，这一变故让他的生活发生了重大变化，对其本人和家庭都产生了很大的影响。他是被动变的，他不愿意变成那样。而接下来，你想变成什么？要把重点放在变形后的所见、所闻、所感上来。

2.根据提示，展开想象。

（1）怎么变？

习作提示：你可以变得很小，如一只蚂蚁，一粒石子，一棵草；也可以变得很大，如一头大象，一辆汽车，甚至一个星球。

小组讨论后，全班交流。在草稿纸上至少写下3个自己想变成的事物。

（2）筛选话题。

步骤一：问问自己对要变成的那个事物了解有多少。

步骤二：删去自己想变，但却不够了解的事物。（如果全删光了，那就重新确定一个事物）

（3）随机采访。教师随机选择学生进行采访，帮助学生筛选话题，最终让学生有话可写。

（4）变形后。仍以卡夫卡的《变形记》为例引导学生思考。格里高尔变成了甲虫后，小说中描绘的他的生活场景很逼真，主要是作者能从甲虫的视角去观察身边的人和事物。所以要写好这篇习作，时刻要记住，你现在就是想要变成的那个事物，你现在说话的方式、走路的样子、看身边世界的角度都发生了变化。已经转变好角色的，可以按照自己的思路想象，也可以通过列提纲的方式完善自己的想象。

（5）范文引路。为了更好地发挥课前阅读篇目的作用，让学生用第一人称叙述自己的变形故事，进行内心独白的训练。我们可以将卡夫卡《变形记》中的片段做适当修改：

（原文）一天早晨，格里高尔·萨姆沙从不安的睡梦中醒来，发现自己躺在床上变成了一只巨大的甲虫。他仰卧着，那坚硬的像铁甲一般的背贴着床，他稍稍抬了抬头，便看见自己那穹顶似的棕色肚子分成了好多块弧形的硬片，被子几乎盖不住肚子尖，都快滑下来了。比起偌大的身躯来，他那许多只腿真是细得可怜，都在他眼前无可奈何地舞动着。

（改后）早晨，我从不安的睡梦中醒来，发现自己躺在床上变成了一只巨大的甲虫。我身后坚硬的像铁甲一般的背贴着床，我艰难地抬了抬头，便看见自己那穹顶似的棕色肚子分成了好多块弧形的硬片，被子几乎盖不住肚子尖，都快滑下去了。我居然长了那么多只腿，它们真是细得可怜，都在毫无章法地舞动着。

修改的目的是让学生更好地完成角色的转变，实现观察视角、叙述视角的变化，从而了解语言的个性化表达。

3. 选择形象，谋篇布局。把握想象情节，引导学生有序表达变形的过程。引导学生结合自己的体验、感受，从变形后的事物的视角去描写自己变形后的经历。鼓励学生以个性化的方式充分表达自我，从而催生个性化的创作成果。

4. 完善想象，预写习作。根据自己列的提纲动笔写一个完整的故事。要点：根据自己的想象，完成变形，完成拟题，关键是将重点部分说清楚。

（二）作中指导

1. 检查预写，交流修订。对照本次写作要求检查预写情况。

表1："变形记"写作任务检查表

项　　目	自评情况
拟题新颖（☆）	
变形成功（☆）	
过程具体（☆☆☆）	
生动有趣（☆☆☆）	
书写工整（☆）	

2.师生讨论，自主修改。学生自己借助表格项目对自己的习作进行评分，达到一点加一颗星。过程具体，也就是要求将重点部分写详细。可以从两方面考察，一是写清楚了自己的所见、所闻、所感，有一点加一颗星；二是写清楚了事情的起因、经过、结果，写清楚一点加一颗星。如果自己写的句子用了某种修辞手法、描写方法或表现手法也都可以加一颗星。

提示：可就写作中遇到的困难进行提问，由教师和其他同学共同给出参考意见，学生自主调整、完善自己的想象。原来自己没做到的，修改后学生也可以加星，重要的是让他们发现自己的文字所发生的奇妙变化。

3.对照要求，完成初稿。

（1）出示"写作提示"：写一个完整的故事。一气呵成，不考虑用词与标点。牢记变形后自己思考问题、观察事物、应对事情的方法都跟着发生了变化。

教师这里要有针对性地给予指导帮助，如对习作能力较弱的学生，以把变形后的一段经历写完整为基本目标，不要在语言上对所有学生提出同样的要求。

（三）作后指导

1.对照清单，自主修改。

表2：自我修改清单

1.题目是否新颖？是否明确了变形的对象？ 2.变形后的生活是否符合所变事物的身份？ 3.是否写清楚了事情的起因、经过、结果或自己变形后的所见、所闻、所感？ 4.习作中有没有让自己感觉特别得意的地方？

要点：引导学生对自己的习作不断叩问，不断修改，反复斟酌、取舍，

提高对习作要求的认识，努力写成让自己满意的文字。

2. 对照清单，同伴互改。

（1）同伴交换，依据清单，给出意见。

表3：同伴修改清单

1. 你的习作中最吸引我的段落是：_____。
2. 读了你的习作，我不明白的地方有：_____。
3. 我想给你的建议是：_____。

要点：阅读清单，小组或同桌之间相互检查，并给出意见。在这个过程中，让学生读文、交流、修改，既教了评改方法，又聚焦了"把重点写得详细一些"的要求。互动形式的修改对学生形成有效的激励，使他们以更积极、更主动的态度投入言语认知和交流活动中。

（2）根据同伴的意见，修改自己的习作。

（3）誊抄习作。

3. 修改打磨，推荐发表。

（1）将此次习作中的优秀文字在全班展读，教师边读边提出进一步的修改建议。珍视每份习作，肯定亮点，鼓励学生的写作信心。师生共同推荐习作并交流赏读。

（2）推选最佳习作。

表4：最佳习作推荐表

习作名称	作　者	推荐理由
《　　　》		

学生通过阅读和鉴赏填写上表，在评价的过程中巩固想象作文的基本写作方法。要让学生体验习作带来的成就感，教师应当基于学生的视角理解他们眼中的生活、理解他们笔下的世界，并积极评价，使学生能够真正在写作中获得幸福感。教师还可以向校刊或者其他媒体推荐发表其中的佳作或片段，尽可能让全部学生的习作都有展示的机会。

对于统编教材中的习作教学，我们首先要围绕单元语文要素进行统整，整个单元可以用来训练的点，教师要了然于胸。对于训练点较多的内容，我们要学会分类和取舍；对于单元教材中不足的内容，我们还要做适当的补充。如本单元训练的核心是"想象"，我们把它作为一个微项目去实施，就要让学生借助单元内容，了解想象，运用想象，自我想象，并写成有想象力的文字。

任务驱动：单篇习作教学的板块化推进
——以习作《我的心爱之物》教学为例

儿童问学课堂背景下的习作教学，从审视写作主题、反思写作困难，到确定写作对象、选择写作角度、完成写作构思，再到挑选写作方法、完成初稿、交流评价、修改定稿等，都是在一个个具体的挑战性任务的驱动下展开，并围绕写作任务板块化推进的学习过程。

一 任务解读

《我的心爱之物》是统编教材五上第一单元介绍说明类的习作。本单元的语文要素是"初步了解课文借助具体事物抒发情感的方法，写一种事物，表达自己的感情"。五年级学生对于介绍说明类的习作并不陌生，在第二学段曾分别练习过写植物朋友和动物朋友，学生基本能按一定的顺序来描写事物，并能适当融入自己的联想和情感。进入第三学段，学生的语言能力和思维能力有了新的发展，对这个世界的感知也更为细腻，不仅能细致地描摹写作对象的样貌，还能在写作过程中表达对描写对象的情感，并能与同伴分享表达的快乐。依据单元习作要求，我们把本次习作的目标拟定如下：①能把自己心爱之物的样貌、来历以及背后的故事写清楚，表达自己对心爱之物的喜爱之情；②学会分享自己的习作，与同学互改习作，能发现别人习作中的亮点，并指出不足，在分享过程中让自己的习作更精彩。

"板块式教学"秉持目标引领、任务驱动取向，引导学生沉浸到各板块的学习活动之中。在具体实施过程中，可以设计成综合性的驱动型任务，将多项任务融入一个较大的板块（相当于模块）中，综合性地完成多个子任务，实现多个教学目标。如本次习作训练旨在培养学生留心观察、感悟周围事物的习惯，有意识地丰富学生的见闻并珍视个人的独特感受。无论写什么物，都要让学生从内心出发，把物的样貌、来历和故事写清楚并表达自己的真情，鼓励学生个性化表达、评价、修改和展示，提升学生的语言表达能力和对生活的感受力。

本课的教学可分为五大板块：第一板块，聊聊"单元所学"。联系单元课文，让学生回顾冯骥才、郭沫若等作家眼中的所爱之物，为本次习作训练提供范例。第二板块，选选"心爱之物"。研读课本中的写作导语，结合学生初定的描写对象，引导学生梳理出"心爱之物"的特点。第三板块，说说"物的故事"。通过交流让学生对自己所选事物进行分类，如动物、植物、静物等，并交流不同对象应运用的不同的描写角度和方法。在交流过程中，还可以引导学生说清物的样貌和来历，以及难忘的事，通过细节把喜欢的原因写清楚。第四板块，评评"是否真爱"。通过师生对草稿进行交流、评价，并提出评改建议，学生调整材料顺序，增删内容，让习作更聚焦，更吸引人。教学时要将驱动型任务进行分解，分层板块化推进。

二、教学过程

习作教学板块分明，每一个板块的学习任务都有一定的挑战性。这种挑战性不是为了难倒学生，而是为让学生更顺利地完成习作任务，并在此过程中体验到习作能力的爬升。教师可以用一种类似于拉家常的方式与学生进行交流，引导学生回顾单元所学，并用自己的视角观察生活，用自己的语言表达生活。

（一）聊聊"单元所学"

师：同学们，通过这一单元的学习，我们领略了郭沫若眼中的——

生：白鹭。

师：在他眼中，白鹭是——

生：一首精巧的诗。

生：它增之一分则嫌长，减之一分则嫌短，素之一忽则嫌白，黛之一忽则嫌黑。

师：看来白鹭已深入你的脑海，你关注的是它"恰到好处"的特点。还有吗？

生：还有冯骥才写的珍珠鸟。

师：在冯骥才的笔下，珍珠鸟有什么特点？

生：在冯骥才的笔下，珍珠鸟与他无比的亲近。

生：在冯骥才的笔下，珍珠鸟无比依赖他，让他感受到生活的美好。

生：还有琦君写的故乡的桂花，那种香味永远留在她的记忆中。

心爱之物为何让人心生爱意？原因各不相同。通过回顾单元所学，让学生初步感受到心爱之物都有自己的特点。

（二）选选"心爱之物"

对于小学生而言，习作打不开思路或无话可写的一个重要原因就是学生在选材时给自己"挖坑"。因为他们常常会兴冲冲地选择一些虽然常见而自己却并不怎么了解的事物。此时，教师就需要引导学生对自己所选之物进行审视，让学生尽可能去选择那些有话可写的"心爱之物"。当然有时候，教师还需要给学生搭一座"桥"，让学生将"熟悉的陌生物"写清楚。

师：是的，无论是冯骥才的笔下珍珠鸟，还是琦君故乡的桂花，都是作者们特别钟爱的事物。那你们有没有自己心爱之物呢？

生：我的心爱之物是一支笔。

生：我的心爱之物是一双轮滑鞋。

生：我的心爱之物是一副象棋。

生：我的心爱之物是一块"华为"手表。

……

师：看来同学们都有自己喜欢的东西，但喜欢的东西却也不一定都能称得上是"心爱之物"，什么样的事物可以称得上"心爱之物"呢？

生：我认为是能让我们生活更加多姿多彩的东西。

生：我认为是给我们留下美好生活回忆的东西。

生：我认为是与我关系非同一般的事物。

生：我认为是于我而言发生过美好故事的事物。

师：你们对心爱之物都有自己的理解，那你们能给自己刚刚想到的事物加上一个修饰语吗？就像大屏幕上加点的字一样。

> 是你最爱的玩具小熊，还是你亲手制作的陶罐？
> 是你养了三年的绿毛龟，还是你在海滩上拾到的贝壳？
> 是爸爸奖励你的旱冰鞋，还是妈妈在寒冷冬夜为你赶织的围巾？
> 是好朋友转学时送你的风铃，还中舅舅在你过生日时送你的瓷虎？

生：我的心爱之物是我七岁时爷爷送给我的一副中国象棋。

生：我的心爱之物是哥哥买给我的一把玩具手枪。

生：我的心爱之物是期末考试后爸爸奖励给我的一块"华为"手表。

生：我的心爱之物是美术老师亲手教我制作的小玩偶。

…… ……

师：从他们刚刚加的这些修饰语中可以看出心爱之物都什么特点？

生：有来历。

（师板书）

师：所以写这篇习作，有必要交代清楚心爱之物的来历。（出示例文1）

我可喜欢它了。当我第一眼在一个橱窗里看到它时，它正笑眯眯地望着我。我暗暗下决心，一定要带它回家。爸爸说家里有台灯，干吗还要再买一个。如果实在要买，就要攒够两千五百积分才可以给我买。那时候，要想积两千五百分可不容易啊！我简单做了一下预算，每天第一个交作业，每堂课积极发言，每次作业都拿"优"……即便这样，一天才能得到五十积分。看来即使运气能一直好，大概也要一学期才能攒够啊！……最终，我如愿以偿，把它郑重地摆在床头柜上。

师：通过这个例子，同学们有没有发现心爱之物还有什么特点？

生：此物可能来之不易。

师：是的，想要得到它，有可能很不容易。这中间可能还发生了许多故事，所以，心爱之物还可能有什么特点？

生：心爱之物应该是有故事的。

师：说得好，"心爱之物"与自己一定"有故事"发生。（板书：有故事，出示例文2）

终于完工了。那天，我拿着它在小区广场上试飞，它飞得可高了。时而像一只小鸟，在空中滑翔；时而又像一只苍鹰，从高空俯冲下来。我喜不自胜，小心翼翼地把它放到茶几上，然后用纸筒把线整整齐齐地卷好，收好。爸爸想试一下我的飞机，我都没舍得。这架飞机饱含了我半年的心血，也让我深刻地体会到：做任何一件事都要有耐心、肯坚持。

师：同学们再看看这个例子，发现心爱之物还有什么特点？

生：心爱之物能给我们启示。

师：例文中的心爱之物给了作者怎样的启示？

生：让他懂得了坚持和耐心。

生：我觉得心爱之物对于主人很有意义。

师：你提炼得也很好，也就是说心爱之物往往对于我们还有非同一般的意义。（板书：有意义）

师：现在，请同学们互相交流一下自己的心爱之物。看看能不能将该物的来历以及自己与心爱之物的故事等说清楚。

这一板块通过对话引导学生"选选心爱之物""想想物的特点"，让学生逐渐梳理出心爱之物应该是有来历的、有故事的，还有可能是有意义的等，同时也为后面的"评评'心爱之物'"设立了评价的维度，帮助学生更清晰地审视自己的选材。这样，写作思路才会更加明朗。

（三）说说"物的故事"

学生在朴素的对话过程中，对于心爱之物的理解由恍惚逐渐清晰，一些沉积在心底的人、事、情感也在这个过程中逐渐浮现起来。

师：刚才，同学们经过深思熟虑之后都确定了自己的心爱之物，有同学愿意分享一下自己与心爱之物的故事吗？

生：有一次，我因为考试没考好，被爸妈说了一顿，我一个人待在房间，心里很难受。樱桃来到我身边，用爪子挠我衣服，我便跟它滔滔不绝地说了好久。它像听懂了似的看着我，仿佛在说："不要伤心，下次努力，你一定可以的！"我用手摸了摸它的头，它竟依偎在我的身边……

师：樱桃是一只小狗吧！伤心时刻，是它安慰你，并帮你渡过难关。

生：妈妈给我买了一株绿萝，我通常两个星期才为它加一点水，但我仍然觉得麻烦，巴不得它早点枯萎，省得还要去照顾它。于是大夏天里，我将它放在太阳下炙烤，可隔了好多天它还是生机勃勃。我有点泄气，一直与它斗争到中秋以后。有一天，我终于发现它的叶子开始枯萎。于是我告诉妈妈，希望妈妈同意我将它扔掉。妈妈让我把它放回房间，说它过几天说不定就能缓过来。我半信半疑，结果过了几天，它真的又恢复了生机……

师：你的心爱之物是一株绿萝，它的生命力让你对它的态度发生了改变。

生：我的小闹钟也是我的知己。一个星期五，我做数学题，以为自己可以全做对，但最终只对了5道题。我立即检查了错题，结果是我太粗心了，我难过极了。直到我放学回家回到房间，第一眼就看到了心爱的小闹钟。我看到它不停地旋转。一年有365天，它从不松懈，从不抱怨，它也不会因为心情不好而"罢工"……

师：你的心爱之物是一个小闹钟，它让你懂得坚持的重要。

…… ……

师：从刚才同学们分享的故事中可以看出，你们的心爱之物主要可以分为以下三类：动物、植物、静物。

师：那么，我们在写这三种不同类型事物的时候，描述的角度是不是一样呢？如果我们写的是动物，可以从哪些方面来写？

生：如果心爱之物是动物的话，我们可以写它的外貌、生活习性等。

生：还可以写我们与它的相处。

师：假如我们写的是植物呢？

生：如果是植物的话，我们可以写写它的外形、生长规律等。

师：还有一些同学写的是静物。你刚才说的是闹钟，你来说说看，写静物可以从哪些角度来写？

生：我觉得也可以写它的外形，还可以写它的功能用途等，还有它带给我们的思考。

生：我们还可以从外形、玩法等方面来入手……

师：同学们说得很好，宠物陪伴你玩耍，书籍启迪你智慧，植物带给你美的享受和思考。这些心爱之物让你们的生活变得多姿多彩，也给你留下了美好的回忆。下面就让我们来写写这些心爱之物的故事。

从故事入手，更能让学生打开记忆，引导学生在与自己的"心爱之物"进行内心交流的同时，找到表达的路径。这一板块，再次扣住单元要素展开指导，无论是写"动物""植物"还是"静物"，根据物的不同分类，抓住物的特点，选择合适的角度，通过对话交流，帮学生逐渐搭建起有效的写作支架。

（四）评评"是否真爱"

评的过程，既是对学生写作任务完成程度的评价，又是对新习得的写作方法的再巩固。

生：我写的是《我的泰迪熊》。（投影展示）

师：同学们看这个题目，他描写的对象属于哪一类？

生：静物。

师：好的，你继续读。

生：真好！在我的五岁生日宴上，爸爸把它交给了我。

师：这一段讲的是什么？

生：交代了泰迪熊的来历。

师：继续。

生：这是一只毛茸茸的玩具泰迪熊。它那双眼睛又大又黑，小巧的耳朵憨厚又可爱，嘴巴上挂着那永恒的、甜甜的微笑！让人一看到就恨不得亲两口。

师：她刚读的这一部分写了什么？

生：这里写自己初见泰迪熊，非常喜爱。

师：从哪里可以看出来？能不能说得再具体一点？

生：她写出了这只泰迪熊的样子，很可爱，还有"恨不得亲两口"。

师：你们听得很仔细，她用了一种很重要的写作方法——如果你足够喜欢它，会把喜爱之情融入外形描写之中。你继续读。

生：它在家里成了我的宝。白天，我陪它玩耍；晚上，我抱着它入睡。我吃饭的时候抱着它，看书的时候抱着它，就连上洗手间时也抱着它，我们成了形影不离的朋友。我很爱它，它也很爱我。每当我伤心难过时，它就会露出它那甜甜的笑容。呵呵！我顿时也会学它那"熊样"。

师：你们觉得"白天，我陪它玩耍；晚上，我抱着它入睡"这一句怎么样？

生：句子很工整，也写出了喜爱和形影不离。

师：不错，我们有时想表达同一个意思，是可以通过多种方式来呈现的。你继续读。

生：每周的星期六，我都会给它洗个澡。当太阳出来了，我就会把它抱下楼，去我家门口的一个小草坪上玩。它常常和我一起躺在草地上沐浴着温暖的阳光。一天清晨，我睁开朦胧的眼睛，在被子里摸寻它。咦？跑哪里去了？我掀开被子，跳了起来，像只小狗似的在床上爬来爬去寻找着，但还是找不到。我急得大叫："妈妈，我的小熊不见了！""怎么回事？"妈妈回答道。"您赶紧帮我找找，找找我的泰迪熊。"我急切地恳求着。"好的，宝贝儿。"我们就这样把整个房间翻了个底朝天，结果还是没有找到。接着又去客厅找，最终一无所获。我突然想到该问问姥姥，姥姥忙说："我看那只小熊毛掉得厉害，而且脏兮兮的在床底下，所以就将它扔了。""我的老天哪！哇！哇哇——！"心爱的它虽然不见了，但我和它之间美好的故事却永远嵌在我的心田。

师：你说说看，这里写了几件事？

生：为它洗澡、带它晒太阳。

师：这些事情给你什么感觉？

生：温暖。

生：我觉得很有画面感。

师：怎样的画面？你来评价一下。

生：她能抓住泰迪熊玩具的特点，通过具体的事例写出自己对它的喜爱之情。

生：还有她情感变化的过程，我觉得她写得特别好！

师：你能简单说一说她的写作思路吗？

生：她先写的是初见泰迪熊的喜爱，然后写与它相处的喜悦，最后写丢失泰迪熊的痛苦。

师：我们应该给作者和这位评价的同学掌声。是的，你们看，这就是精巧的构思，同时评价的同学也说出了另一个写作方法——如果你足够喜欢它，你还会把喜爱之情融入与它相处的点点滴滴之中，融入字里行间，这样才会让人难忘。最难得的是她的习作有一个清晰的思路。有了清晰的思路，我们就可以对凌乱的素材进行梳理。目的是抓住重点，这样才能突出主题。还有哪一位同学愿意与我们分享一下自己的习作？

生：如果要说我的心爱之物，那就非它莫属了。它就是我的萌宠——小乌龟。

它刚来我们家时，只比爷爷的指甲盖大一点儿。它背上的壳是黑绿色的，由许多六边形组成；肚子上的壳是白色的，还有许多西瓜子一样的黑点，十分漂亮。它的身子在壳里面，是绿色的，没有背上那么绿，也没有浅绿那么淡。它的耳朵是红色的，十分可爱。

我和它度过了最为快乐的一段时光。那时正值暑假，它是我期终考试取得优异成绩的奖品，我倍加关爱它。在那段时间里，我发现它很可爱。

它喜欢吃许多东西：龟粮、小鱼苗……其中最奇怪的是它竟然喜欢吃鱼食！虽然它平时慢慢悠悠的，但吃食物的时候，动作可快了！我一撒下食物，它就把头伸得长长的，足有两厘米！它张大嘴巴，一大口可以吃两三粒鱼食！十分可爱。

　　后来，我越来越忙，没法照顾它了。妈妈总是劝说我放生，我一直不同意。直到有一天，我真的一点时间也没有了，只好答应了妈妈。

　　师：谁来评价一下这篇习作？

　　生：我觉得他写得最成功的是小乌龟的外形和生活习性，很具体。

　　师：有没有你还想知道，但文中没有写清楚的内容呢？

　　生：我觉得"小乌龟成为自己的心爱之物的原因和他们之间的故事"没有写具体，这些方面可以写得再详细一点。

　　师：也就是说，你还想知道他和小乌龟之间发生的故事，是吗？（转向作者）他还想知道你和小乌龟之间发生的难忘的故事，你可以补充一下吗？

　　生：有一件事，我印象很深刻。小乌龟非常爱吃肉，可是有一天，它突然不吃了，好像厌烦了在盆中的生活，开始试着往外攀爬。它伸长了脖子，瞪着一双小眼睛，用后脚支撑身体，贴着盆边儿站了起来，前脚尽力往上伸，用力扒在盆沿上，三、二、一，扑通一声，它重重地摔回了盆中，四脚朝天。我既可怜它又暗自得意。可是，这个小家伙好像铁了心，它一次又一次地向外爬，屡败屡战。终于，有一天，我发现小乌龟不见了。我疯狂地找它，沙发下、床底、柜子角落、窗帘后面……真的不见了！它逃跑了！我伤心地哭起来。一个星期过去了，它仍然没有丝毫音讯，我几乎绝望了。也许它已经死在哪个角落，我常常望着空空的乌龟盆发呆。有一天傍晚，我正在房间里拼乐高，一阵窸窸窣窣的声响引起了我的注意。我循着声音找到了床底下那个大大的购物袋，用手一拖，还真有点重。空空的塑料袋怎么可能会这么重？再往外一拖，我大吃一惊。我的小乌龟满身灰地趴在袋子底部，正奋力想往外爬，可方向却反啦！我小心地把它救出来，心想：总算找到你了！

（生鼓掌）

师：你对他刚才的补充满意吗？

生：满意。我觉得他把小乌龟逃跑时的动作描写得非常细致、传神。

师：是的，抓住细节，结合自己的感受来描写也是一种把作文写具体的方法。你也说说你的看法。

生：他还能在描写的过程中适时地加入自己的感受，很好地表现了他对小乌龟的喜爱之情。

师：是的，我也觉得你刚才的细节讲得很精彩，把你刚才讲的加进去，你的习作就更完整了，文字就更有温度了。下面请同学们对照要求互相修改习作。

在指导学生"写清楚"的环节，教师应发掘学生文字中隐藏的语言和遗漏的片段，让学生将它们说清楚、说生动。在满足听众和读者愿望的同时，修改自己的文字，学生会发现"写清楚其实并不难，我可以做得到"（课中一学生语）。教学过程围绕学生的发现，将这种发现变成任务，驱动学生完善自己的习作，这就使得儿童问学课堂中的学生每每在遭遇写作困境时总能一次又一次地将其有效化解。

（五）改改"心爱之物"

师：同学们根据评改提示，完善自己的习作。

（同桌间互相分享，互提评价建议）

师：小组内交流，对比初稿与修改稿，谈谈习作的优化和自己的收获。

统编语文教材的写作资源在每个单元都比较丰富，主题也比较明确，其表达能力训练的目标序列也较为明显，是螺旋式上升的过程，这也暗合了学生习作能力的形成轨迹。习作教学应还给学生一片属于自己的天空，面对纷繁的序列，只有教得简约，围绕一个个挑战性的任务，分层次板块化推进，才能收放自如，才能让学生获得更为丰富的习作体验。

全息参与：儿童写作难点的有效性突破
——以习作《有你，真好》教学为例

儿童问学课堂是以学生的"学"为核心的课堂。在项目化学习视域下的儿童问学课堂的实施过程中，教师应尊重学生的学习主体地位，调动学生全身心参与到问题提出、解决，以及完成习作任务的过程中。在写作教学过程中，教师要有效激发学生全息参与，突破习作难点，提升学生的写作素养。

一 打开心扉，还原题目定人物

课前交流时要给学生创设自由和安全的交流空间，让学生自然地运用自己的语言倾诉自己的情感，表达内心的想法。

（一）课前交流

师：我听说很多小孩学习语文有"三怕"，听过没有？

生：写作文。

师：还有文言文和周树人。读过《少年闰土》和《我的伯父鲁迅先生》了吧？周树人有没有让你觉得害怕。

生：没有，我觉得他在文中还是很温暖的。

师：是的，严肃冷峻的鲁迅，也有温情的时刻，更有让人温暖的文字。刚才老师看到最后这位同学在数那张稿纸的格子，谁来猜猜看，他在数格子的时候，心里在想些什么？

生：就是想知道，这些格子到底有多少个。

生：我觉得他肯定是有点怕写作文，尤其是怕字数写得不够。

生：他可能在想：这么多格子，我哪能写得完呵？我来数一数。

师：那我们让他自己来说说看。

生：（不好意思地笑）我确实很害怕写作文。看到这么多密密麻麻的格子，我的好奇心就上来了，到底有多少个？越数越害怕。

师：我发现你说得比他们都具体，知道为什么吗？

生：……

师：因为真实。是你真实的想法，所以你才有话说，而且说得具体。因此，这一节课，只要我们敢于说真话，写真事，抒真情，我们就一定能把这一次的作文写好。老师也相信，这一次作文，你也一定能比之前写得更好。

教师让学生根据坐在最后排某位同学"数格子"的动作来揣摩这个动作背后的心理，并给予真诚的鼓励。交流过程渗透了写作的重要方法——可以抓住场景中的一个动作或其他印象深刻的点来写，还要写自己的感受。场景和感受会因为自己的观察、倾听、思考而变得更真切。

（二）读出题目的温度，说说"你"是谁

对写作话题的理解，除了字面审题以外，读，尤其是有温度地读也是一种有效的方法，它会加深学生对写作话题的感悟。

师：请同学们读一读课题。

（生读）

师：你们读得这么深情，一定是在读的时候有一个人浮现在你们眼前。你们说说看，刚才想到了谁？（出示：_____，有你，真好！）

生：小狗。

师：好，把它代进去说一遍。

生：小狗，有你，真好！

师：你是带着微笑说的，看来你的小狗很可爱。

生：妈妈，有你，真好！

师：你的声音里充满了深情。称呼长辈，有一个字要换，重说一次。

生：妈妈，有您，真好！

生：爸爸，有您，真好！

师：我发现你说的时候有点激动和自豪，眼神里还充满了感激。

生：妈妈，有您，真好！

师：你让我看到了你对妈妈的深情。

生：老师，有您，真好！

师：你说的时候有点腼腆，但仍然充满了真情。

生：妈妈，有您，真好！

师：看到题目之后，大家很快就想到了表达的对象。老师发现有同学填写的是人，有同学填写的是物。我们来看看本单元的习作要求。

（出示，生读）

生："有你，真好"是一句让人感到温暖的话。凝视着他/她，那人、那事、那场景……就会慢慢浮现在眼前。

师：所以我们这次习作描写的对象应当是——

生：身边熟悉的人。

师：对的，请刚才选写小狗的同学，把目光聚集到身边熟悉的人身上来。（生笑）

此次训练题目本身就充满了温度，学生通过深情读题，既初步把握了题目所传达的信息，还在读的过程中完成了一次对内心的唤醒："你"是谁？将描写对象代入题目中朗读，则更是一次写作情感的唤醒和释放。

二 筛选聚焦，厘清关联选材料

（一）厘清关联

为了解决"写什么"的问题，教师应努力引导，打开学生的心扉，帮助学生明确了写作对象。更要让学生明确"为什么有你就真好"，才能为后面充满真情的表达提供可能。

师：刚才，我们在题目上填了一个名词，就明确了要写的人。如果让你在题目中填上一组关联词，你会填什么？

生：（只要）有你，（就）真好！

师：你加的是表示条件关系的关联词，这个人是你觉得生活美好的条件。

生：（因为）有你，（所以）真好！

师：因果关系的关联词，也就是说，这个人是你觉得生活美好的原因。

习作教学过程中，"写什么"解决了，"怎么写"就成了重要问题，而"为何写"就是根本性问题。这时，要给学生一种思维的压迫感，让学生思考、揣摩题目的内在关联。通过题目中关联词的填写，学生明白题目的两个分句之间可以是因果关系，也可以是条件关系，为进一步打开写作思路做准备。

（二）"好"在哪里

"好在哪里"是本文的写作重点，只有想清楚了"好"的原因，文章主体部分才有依据，学生才能写清楚、写具体。

师：那因为什么呢？或者说他（她）好在哪里呢？能不能先用一句话来说一说？

生：我们语文老师，从来不跟我们发火，说话像春风细雨一般。

师：看来，你们的语文老师很温柔。

生：小睿所有的好玩具、好吃的都能与我分享，我对他也是。

师：好在有福同享。

生：小时候，爷爷经常会学孙悟空和猪八戒的声音和动作来逗我开心。

师：嗯，好在有童心。

生：每次我受委屈的时候，吕媛总是站在我这一边，并劝慰我。

师：好在她能理解你。

生：每次考试不理想时，只有奶奶一直在为我打气，她从来不责骂我。

师：好在她能安慰你、鼓励你，呵护你的内心。

生：我爸爸从来不给我压力，即使我考班级倒数，他仍然鼓励我。

师：好在从不给你施压，还给你前进的力量。

生：我和小花，开心时能一起开心，难过时一起难过。

师：好在快乐能一起分享、困难能一起面对。

生：李芯是我们的班长，是我的偶像，在我困难时，她总能帮助我。

师：好在能引领自己前进、无助时施以援手。同学们说的都很简洁。想到这个人，一定还会有很多的事情浮现在你的脑海里，能不能用小标题来列一列这些事？把它们写在作文纸上。记住是小标题。

（生拟题）

师：（巡视，评价）这个同学拟得好，字数差不多，而且还押韵。

师：我们很多同学都写了好几个小标题，这一点我非常欣赏，因为你们的心中装满了各种美好。假如我请你们从中选一件事来重点与同学们分享，你们会选择哪一件呢？请在那个小标题旁边画一个五角星。

从"用一句话"概述，到"用小标题"来列一列提纲，再到用记号标出想重点分享的内容，学生经历了一个清晰的选材的过程。这个过程帮助学生解决了选择困难的问题，并一步步走向自己能清楚表达的领域。

三 观察比较，追忆场景悟表达

经过交流，学生对于"那人""那事"已经很清晰。怎样更好地抒发这种发自内心的情感呢？此时还需要引导学生关注写作细节。

（一）第一人称

师：刚才，同学们在分享的时候，都用了"奶奶""妈妈""老师"这样的字眼。同学们可以假想：此时，他（她）如果就站在你面前，你凝视着他（她），他（她）也凝视着你。你是用文字在与他（她）对话，他（她）站在你面前，你会怎么称呼他（她）？我们来看一个课文中的例子，读。（出示例文：鲁迅《少年闰土》片段）

（见面前）我于是日日盼望新年，新年到，闰土也就到了。好容易到了年末，有一日，母亲告诉我，闰土来了，我便飞跑地去看。

（临别时）可惜正月过去了，闰土须回家里去。我急得大哭，他也躲到厨房里，哭着不肯出门，但终于被他父亲带走了。

生：我们可以将第三人称换成第二人称"你"。

师：你说出了写好这篇作文的一个重要方法，换一下，再读一读。

生：（见面前）我于是日日盼望新年，新年到，你也就到了。好容易到了年末，有一日，母亲告诉我，你来了，我便飞跑地去看。

师：说说看，把第三人称换成第二人称"你"有什么好处？

生：我感觉说话更直接了。

生：我感觉换了之后说话更自然。

生：我感觉这样说话更亲切，便于我们直接抒发感情。

师：说得好，齐读。

生：（临别时）可惜正月过去了，你须回家里去。我急得大哭，你也躲到厨房里，哭着不肯出门，但终于被你父亲带走了。

师：好，我们把人称改一下，谁再来说一下那人、那事、那场景？

（生分享）

师：我知道，你的内心对他（她）充满了深情，那你怎么样让他（她）也能感受到呢？

生：我们还可以写好细节。

师：谁再来与大家分享？我想请一开始数格子的同学与大家分享，可以吗？

生：小时候，我跟着爸爸一起看了不少恐怖电影，所以，从小我就很怕黑。那时，每天晚上，我都不敢一个人睡觉。每天，您总是等我睡着了，才去自己的房间休息。

师：说得非常好。（适时采访其同桌）但你想不想知道更多的细节？你想知道什么？

生：我想知道这个"您"是谁，当时他具体是怎么做的？

师：你可以满足同桌的好奇心吗？提醒你，会感受的人，一定会让自己的身体说话，他能充分调动自己的各种感官。

生：我写的是爷爷。小时候，我跟着爸爸一起看了不少恐怖电影，所以，从小我就很怕黑。那时，每天晚上，您都会帮我把灯全部打开，微笑着看我入睡。待到我快要进入梦乡时，您才轻声缓步地关掉所有大灯，去自己的房间。

师：你这一次说得具体多了，真好！第二次发言，我发现你更自信了。

对于高年级的学生来说，无论是口头表达还是书面表达，教师都很有必要引导他们养成言之有物、言之有序的良好表达习惯。尤其对于写作困难的学生，更要一步步让他拥有表达的自信。

（二）写好场景

在教会学生使用合适的人称后，还可以借助课文《我的伯父鲁迅先生》为支架，诠释场景描写的方法。

师：每一件事从起因、经过，到结果，过程中会有许多场景，大家看下面这个场景，有什么感受？（出示：周晔《我的伯父鲁迅先生》片段）

老实说，我读《水浒传》不过囫囵吞枣地看一遍，那些复杂的内容，全搞不清楚，……伯父问我的时候，我就张冠李戴地乱说一气。伯父摸着胡子，笑了笑，说："哈哈！还是我的记性好。"听了伯父这句话，我又羞愧，又悔恨，比挨打挨骂还难受。从此，我读什么书都不再马马虎虎了。

生：我觉得这段话中的语言描写虽然只有几句，但却将伯父给"我"的温馨提醒写出来了。

师：是的，没有严厉批评，而是用打趣的方式提醒"我"。因此，在这些场景中，可能只是一个动作、一个眼神、一句话，甚至一个背影，却深深地打动了我们。下面就请大家拿起笔，写下那个人最打动你的一个场景。

写好"那人，那事，那场景"，还要"表达出自己的情感"，这是本次习作的难点，不能像常规的记叙文一样将事情的起因、经过、结果都具体地写下来，而是要通过事情发生过程中的某个具体场景来表达自己的情感。教师选取了课内现成的例子让学生观察、发现并体悟，从而帮学生深刻地理解情感其实是藏于细节中的。

四　听读反馈，多元评价共提升

在学生完成习作片段后，教师鼓励其与同学分享。其他同学进行评价，也可以提出自己的问题或建议。

师：所有同学，三、二、一，停笔。来不及写的，想好比写好更重要。（转向数格子的学生）如果现在我们请你把自己睡觉时爷爷守护你的场景讲给大家听，你愿意再给我们讲一遍吗？

生：小时候，我跟着爸爸一起看了不少恐怖电影，所以，从小我就很怕黑。那时，每天晚上，您都会帮我把房间里的壁灯、顶灯全部打开。您不太会讲故事，但您会安静地坐在我床边，微笑着看我入睡。待到我快要进入梦乡时，您便轻声缓步地关掉所有大灯，只给我留下一盏小书桌边上的小夜灯。有时，半夜，我会隐隐约约看见一个黑影在帮我盖好掉落在床边的被子，偶尔也会弄出一丝声响。每当此时，那个影子就会突然定住，直到发现我并没有被惊醒，才又踮着脚悄悄出去。在我的心里，您的黑色背影比那后半夜的月光还要明亮！

师：给他鼓掌。谁来说说自己的感受？

生：我觉得这件事情的原因交代得很清楚。

生：我感觉里面的动作描写非常精彩，如"盖""踮""悄悄出去"等。

生：我感觉最后一句话写得很好，那个比喻很真诚，充满了感恩。

生：我感觉他写的场景能打动我……

师：那你们认为可以给他打几颗星？（出示评价表）

项目星级		综合评定
表达	第二人称（☆）	
	事情具体（☆☆）	
	感情真挚（☆☆）	
书写	规范整洁（☆）	

生：五颗。

师：是哪里丢了一颗星？

生：书写不够整洁。

师：你能接受他的建议吗？

（生点头）

师：还有谁想与大家分享？

……………

师：好，看来我们不光要看，要听，还要会想，会感受，才能把细节写好。尤其是要把一些镜头变成慢镜头，就可以把场景写得更真实、更具体、更有画面感。下面请大家用修改符号来改一改自己写的文字。改的时候注意，事情可以慢慢叙写，细节可以慢慢呈现，这样的场景才更吸引人。

（生修改）

师：课上，我们虽然只写了一个片段，但你们写的片段已给我留下了深刻的印象。这当中的很多文字是写给妈妈的，非常感人；也有写给同学的，格外纯真；还有的是写给老师的，充满了感恩……所以，你们是真诚而懂得感恩的孩子。感谢你们的分享，今天的课就上到这里，下课。

这一次课，最大的成就感来自那名"数格子学生"表达自信心的建立，他从害怕写到能从容地写，不但让同学们刮目相看，更让我感到满足。所以，对于表达有困难的学生，我们应逐步帮他们解开心结，帮他们放松心情，开放大脑，写自己熟悉的人、身边的事、真实的景，引导他们全身心地投入到积极主动的表达中去，鼓励他们从生活实际出发，将司空见惯的现象转化为清晰可见的文字，将内心澎湃激荡的情感转化为生动感人的文字，真正让他们做到我手写我心。

第八章
跨学科学习

成果意识：跨学科学习应有的目标指向
——以《语文综合性学习·中华传统节日》教学为例

儿童问学课堂在跨学科学习过程中，既要让学生发现问题、建立联系、聚焦研究，还要让学生以各种形式来展示自己的学习成果。在跨学科学习前，教师要引导学生发现并提出一些有价值的问题，制定初步的学习活动方案；在学习过程中，全体成员聚焦自己和本小组的研究目标，敢于不断尝试和调整，并通过互帮互助，一起完成有意思的、有质量的成果作品，从而丰富自己的学习体验，提升综合运用多学科的知识解决复杂问题的能力。

一 任务分析

本次跨学科学习的主题为"中华优秀传统文化"。要探寻"中华优秀传统文化"，教师首先要清楚优秀传统文化的主要内容，这样才能发现单元课文中的中华优秀传统文化元素，才能更好地引导学生开启"中华优秀传统文化"的探寻之旅。

中华优秀传统文化的内容

大　类	主要内容
语言文化	汉字文化、古代歌谣、古谚语、歇后语、成语、绕口令、谜语、对联、蒙学经典
古代文学	古诗词、古寓言、古神话、民间故事、古代散文、小说等
艺术文化	传统建筑、书法艺术、绘画艺术、传统手工艺、传统表演、姓氏文化
传统民俗	节令文化、服饰文化、礼仪文化、饮食文化、生肖文化
科学技术	农学、医学、数学、天文学、水利、科技发明
历史文化	历史名人、历史故事
传统思想	哲学、伦理、教育、宗教思想等

依据上表对传统文化的分类，我们可以对统编教材三年级综合性学习的内容做如下分类和定位：

《古诗三首》	古代文学	古诗词
《元日》	传统民俗	节令文化
《清明》	传统民俗	节令文化
《九月九日忆山东兄弟》	传统民俗	节令文化
《纸的发明》	科学技术	科技发明
《赵州桥》	艺术文化	传统建筑
《一幅名扬中外的画》	艺术文化	绘画艺术
《综合性学习：中华传统节日》	传统民俗	节令文化
《语文园地》	语言文化	成语

由此可见，本单元涉及传统文化的内容很多，但最后的落脚点却在"节令文化"上。因为传统节日与学生的生活相关，学生都有一定的体验，有一定的发言权，所以这个主题更方便学生结合生活体验做进一步研究。小学中年段的跨学科学习单元是将跨学科学习与课文学习相融合，跨学科学

习内容或活动被分解到单元课文练习中，并以"活动提示"的方式明确跨学科学习的具体内容和相关要求，最终要求学生以成果展示的方式汇报自己的学习所得。

二 "探寻中华传统节日"的项目化设计

语文跨学科学习既是学习内容的跨越，也是学习形式的跨越。同项目化学习一样，它强调多学科的联系，更强调听、说、读、写、讲、演等多种学习形式的综合运用。在具体的实施过程中，它注重个体探究与群体合作等多种学习方式的运用，注重真实情境、复杂问题、超越学科、专业设计、合作完成、成果导向及评价跟进。

（一）跨学科学习的项目化设计的主要特点

无论是跨学科学习还是项目化学习，它们都是以学生为中心的学习模式，这两种学习都需要学生从真实世界中的基本问题出发，围绕特定的主题，以小组合作的方式进行周期较长的开放性探究活动。在具体实施时，跨学科学习的项目化设计具有以下特点。

1.关联性思考。跨学科学习重视语文学习和学生当下真实生活的关联，体现了语文和生活交叉延伸、相互渗透的内在关系，体现了语文课程生活化的旨趣。把语文课程和学生的生活相联系，和学生校园学习主题相勾连，和中华优秀传统文化打通，和社会的热点问题相连，就能丰富跨学科学习的主题，明确跨学科学习的方向。

2.整体性设计。基于问题解决的项目化学习在设计的过程中，既要关注学生学科素养的培养，还要将这些要素转化为项目任务并融进相关的课程内容中。学生参与课程的过程就是能力与素养自主发展的过程。能力和素养的发展不能纠结于某个知识点，而是用整体设计将能力目标涵盖其中。

语文跨学科学习的单元整体设计是将之前单一的分析性学习转化为完整的跨学科学习的过程，跨学科学习单元的整体性设计有助于单元目标的高度达成。

3.驱动型问题。语文跨学科学习的项目化设计是在真实情境中的实践活动，它是从学生的真实问题出发开始相关的学习。真实的驱动型问题是可以在现实生活中迁移的，它能够被转化和运用，创造高阶思维情境，激发学生学习的内驱力。打破"从学科知识点入手"的学习方式，主张"从问题（或主题）入手"进行学习，使学生以一种有组织的、合作的方式调查研究并解决实际问题。

4.跨学科学习。跨学科学习的设计应是开放和多元的，提倡与其他课程相结合，开展跨领域合作。语文跨学科学习的内容应由学生自己选择，面向生活，不局限于学科，不局限于课堂，不拘泥于教材。学生以自己感兴趣的事物为学习内容，以自己独特的视角选取研究主题和方向。研究过程中，往往还会从语文学科延伸到数学、音乐、美术、科学、信息技术等学科之中，实现学科学习的融合。跨学科学习强调运用各学科知识来获得新发现，解决新问题，从而全面提高学生的核心素养。

5.持续性探究。跨学科学习要求将学习素养转化为持续的学习实践，语文学科的跨学科学习应让学生经历合作中的冲突、观点的碰撞，在持续的探究过程中创造性地表达，在复杂的情境中完成心智的转换，这种持续的探究是"知识""行动""态度"的持续。学生在持续的探究过程中完成对知识的深度理解，在持续的探究过程中形成专家思维，并实现知识能力的跨情境迁移。

6.自主性建构。跨学科学习的主要特点就是要让学生亲力亲为，让每个人都参与进来。从确定学习目标开始到自主完成学习计划、制定活动方案，再到合作探究和成果展示交流。在每一阶段的实践活动中，每个组员都要及时沟通、互相合作、加深理解，并在活动的过程中完成核心知识的自主建构。

（二）跨学科学习的项目化设计的推进

1.结合学生的兴趣点，确定主题并拟定实施步骤。本单元的跨学科学习围绕"中华传统节日"的主题展开，试图通过在了解中华优秀传统文化的基础上，引导学生感受中华优秀传统文化的魅力。活动前，教师先通过问卷了解学生对本次跨学科学习开展的想法，其中"研究自己喜欢的节日""研究古代的习俗"和"研究当代的习俗"这三种提议占据前三名。据此，教师充分尊重学生的建议，将活动的主题暂定为"中华传统习俗的古今变化"，尽可能用这个驱动型问题来调动所有学生研究和学习的热情。统编教材中跨学科学习单元的学习周期通常至少两周时间，以下是学生初步拟定的学习流程。

第一步：选择自己喜欢的节日去了解，并用自己喜欢的方式记录（教师提供记录表和评价表）；

第二步：根据自己研究的节日自动分组，推选出组长，或由组长招募组员；

第三步：分组活动，给小组起一个好听的名字，自主设计简单的小组活动方案；

第四步：小组间交流，看看展示形式是否雷同；

第五步：组内交流研究历程，梳理研究过程中出现的问题；

第六步：组内展示，教师提供评价标准，学生据此修改并优化展示的过程；

第七步：成果展示交流、反思。

由于中华传统节日的内容比较纷杂，学习主体是三年级学生，又是第一次在老师的带领下开展跨学科学习活动，因此需要有明确的可操作的方案。

2.关注研究的疑难点，及时干预并加强过程指导。在跨学科学习的项目化实施过程中，教师可以放手让儿童自主开展活动，但这种"放手"也需要教师的适时关注，当学生偏离驱动型问题或停滞不前时，甚至需要一定的干预和指导。

（1）通过评价表指导学习过程。学生怎样做准备，教师可以提前将评价表给学生。评价表既是评价标准，也是跨学科学习的实施路径和实施方法的指导表。教师可以引导学生借助评价表来指导或调整自己的研究过程，从而帮助学生更好地准备和展示。

收集资料评价表

研究内容	节日来历	节日习俗	节日美食	诗歌童谣	如何过节	节日感受	其他
负责人							
时间安排							
了解途径	□询问师长 □网络搜索 □观看影视作品 □观看民俗博物馆 □阅览室、图书馆等查阅资料 □其他							
记录方式	□摘记 □拍照 □文字记录 □画图 □视频录制 □其他							
自我评价	☆☆☆	☆☆☆	☆☆☆	☆☆☆	☆☆☆	☆☆☆	☆☆☆

（2）通过数据分析进行分组。学生初步准备的话题几乎涉及所有的传统节日，这不利于组建小组和成果展示。在梳理了学生的研究方向后，教师发现研究"春节""清明节""端午节"和"重阳节"的人数分别占班级人数的70.83%、62.5%、37.5%和29.16%。于是教师让学生分成4组来分别研究。单选一个节日的，自动成为那个研究小组的成员，选择多个节日的同学可以自己选择或通过与小组双向选择的方法确定分组。

组别	传统节日	特色展示项目	学科
第一小组	春节	春联、窗花、美食	语文、美术、劳动
第二小组	清明节	美食（青团）展示	语文、美术、劳动
第三小组	端午节	节日童谣展示	语文、美术
第四小组	重阳节	改编歌词、演唱	语文、数学、音乐、美术

（3）通过交流确定展示项目。小组开展活动时，每个小组需要思考本组的展示形式，同时还要思考"为更好地展示，还需准备哪些材料""展示形式有没有与其他组雷同"等问题。各小组都想讲传统节日故事和做手抄报，于是"讲故事"和"做小报"成为每一组展示的必选项目，另外每组必须要有一项个性成果展示项目。

（4）通过反思优化个性展示。如何让展示的成果给人留下深刻的印象？小报介绍是否冗长？介绍有没有重点？……这些也要引导学生思考。再如"重阳组"将古诗《九月九日忆山东兄弟》改编成了流行歌曲，教师提醒学生歌词能否经受住同学的质疑等，提出要通过查找资料等方式推敲小组成员写的歌词，并做出初步预案。

通过及时干预，适时指导，既解决了学生自主探究过程中的疑难点，还让学生一步步走向真实的研究中。

3.紧扣自己的研究点，汇报展示并在交流中提升。成果展示是跨学科学习的重要环节。教师在全班学生汇报前应协助学生对展示的方式、细节等做精心筹划、合理安排，确保每个学生都有展示的机会，并在展示中有所得。以下是展示的部分成果。

（1）亮出小组名片，说说命名理由。在讲故事之前，为了让大家能更清楚地记住各小组所讲的故事，教师请各小组给自己起个好听的名字。

最终商量结果为：喜洋洋组、雨纷纷组、香艾艾组、糕九九组。

◇随机采访一：请说说本小组名字的意义。

喜洋洋组：我们组的名称与春节欢乐喜庆的节日气氛有关，所以叫喜洋洋组。

雨纷纷组：我们组的名称来自"清明时节雨纷纷"这一句诗，所以叫雨纷纷组。

香艾艾组：我们组的名字与端午挂艾的习俗有关，且艾草是香的，所以，我们叫香艾艾组。

糕九九组：我们组的名称既与重阳节吃重阳糕的习俗有关，也与重阳节的日期有关，所以叫糕九九组。

（2）共性成果展示：说说"变"与"不变"。各小组围绕"中华传统习俗的古今变化"这个主题来介绍本组的研究成果。

成果1：同学们好！我们组研究的是"春节习俗的古今变化"。请大家看我们做的成果小报。以前过春节时，人们常常要放爆竹。不过，现在烟花爆竹的燃放量逐年减少。一方面是烟花爆竹的价格越来越高，另一方面燃放烟花爆竹会带来环境污染，有时还会造成火灾。现在我们南京城区也不让燃放烟花爆竹。你们看，这是我在小区门口拍的禁止燃放烟花爆竹的标志。

以前，人们在过春节时还挂桃符。这就是桃符，是镇压邪祟的，也是春联的前身。房子里的人在喝屠苏酒，据说喝屠苏酒可以抵御瘟疫。当然，过年时让我们最开心的事是可以得到压岁钱。有很多春节习俗保留至今，当然也有些变化，比如现在人们除了上门拜年，还会用手机拜年，用网络拜年。过去除夕有守夜的习俗，现在没有了，而是一家人聚在一起吃年夜饭，看春晚，享受和和美美的时光。谢谢大家。（李思彤）

教师点评：从古到今，从常见习俗到自己最喜欢的习俗，分享时有一定的顺序。查找的资料不仅有网上和图书馆中的资料，更有自己走进社区获取的材料，非常值得大家学习！

成果2：各位老师，同学们，大家好！我们这一组研究的话题是"清明习俗的古今变化"。请大家看这幅图的左边，在古诗里面，大家觉得清明是让人伤感的日子。其实古时候的清明节，人们除扫墓之外，还会去郊游、聚会、踢蹴鞠、放风筝等。看这里，人们在踢蹴鞠，也就是今天的足球。有的人在拔河，有的人在放纸鸢，纸鸢就是风筝。我们看这里面还有小孩在荡秋千。这些习俗，尤其像祭祖，一直延续到今天，是清明时的一项重要活动。但是现在的祭扫往往比古代要文明很多，我们可以用鲜花祭扫，也可以在网上进行。清明节期间我们也可以郊游踏青，可以自己开车出去玩，也可以坐高铁出去……总之，现在的生活越来越好，清明对于我们来说，是一个祭祖的日子，也是一个快乐的小长假。（季奕辰）

教师点评：画面非常精美，内容非常丰富，介绍画面时能从左到右，从古代的习俗到今天的习俗，有一定的顺序。

成果3：各位老师，各位同学，大家好！我们这一组研究的是"端午习俗的古今变化"。端午节最重要的两个习俗，我相信大家都知道，一是赛龙舟，另一个是吃粽子。古人认为五月份是毒月，所以人们还想出各种方法来抵御这些毒。比如说像挂五彩线，因为传说它能够吓走那些毒物。古时，人们还通过挂灵符来镇压各种邪祟。如今过端午，我们南京每年都会在莫愁湖公园举行龙舟比赛。我们学校每年也会派小队员参加南京市青少年龙舟大赛。近三年，我们学校的龙舟队都获得了南京市青少年龙舟大赛的金奖。现在，我们的端午习俗比古代要多很多。传统的吃粽子啊，赛龙舟啊，今天仍然很受欢迎。我爸妈常常在端午节时带我去参加各种采摘节，有时还会放风筝，对于我们来说，端午节很快乐。（王思坤）

教师点评：一边介绍习俗，还一边推介自己的学校，从你们组的介绍中可以看出你们对学校的热爱，学校的每一项荣誉都让你们感到自豪。你们很善于研究，也为你们点赞。

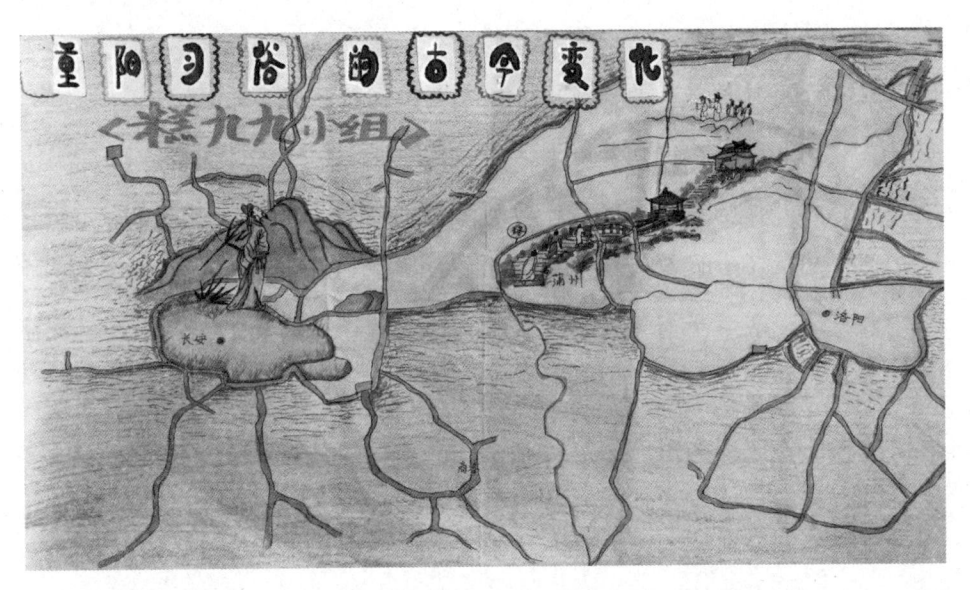

成果4：大家好！我们组研究的是"重阳节习俗的古今变化"。我们刚学过王维的《九月九日忆山东兄弟》，让我们来背一背。在这首诗中，王维表达了他对家乡亲人的思念。因为他当时远在长安，也就是今天的西安，而他的老家在蒲州，也就是今天的山西永济。我们查了一下地图，从长安到蒲州，有191公里。这个距离在今天不算远，如果从西安开车到永济的话，只要2小时35分钟；如果坐高铁的话，只要57分钟。可是在古代，这是可以将两个人永远隔开的距离。我们国家现在各方面发展都是非常快，我们感到非常自豪。如果说王维生活在今天的话，我想他也许就写不出这

样的诗了。因为他想念家乡亲人了，只要打一个电话，或买一张高铁票就解决了。这是我们组的研究发现，谢谢大家！（刘月希）

教师点评：能从习俗的变化看到生活的变化、祖国的变化。角度与众不同，给我们耳目一新的感觉。

◇随机采访二：

师：从同学们刚才的介绍中，我们发现很多习俗都是为了驱邪避害，可否回忆一下，像这样的习俗都有哪些？

生：比如放爆竹，可以驱鬼避邪。

生：还有挂桃符，悬挂在门旁，也是用来镇压邪祟的。

生：重阳节时人们插戴茱萸，避灾克邪……

师：这些反映了人民什么样的愿望？

生：反映了古代人民对平安生活的向往。

师：为了追求平安健康，古人除了放爆竹、插茱萸等方式，还有没有其他方式？

生：还有登高、划龙舟等。

师：那你们认为哪种方式更好呢？

生：登高、划龙舟。

师：为什么？

生：因为通过运动来强身健体，我觉得更科学。

通过采访环节，学生加深了对于传统习俗的理解，也逐渐接纳了健康的生活方式和理念。跨学科学习，也应教会学生追求积极、健康、和谐的生活方式。

（3）特色成果展示。

成果5：大家好，我们组特别喜欢王维的《九月九日忆山东兄弟》这首诗，所以我们将它改编成了一首歌《好久不见——九月九日忆山东兄弟》。

我们想唱给大家听，希望大家能喜欢。

我来到都城长安／转眼又到重阳时／想象着没我的日子／你们站在山之巅／五老峰／你们一起／登高望远插茱萸／只是没了我在身边／我们回不到从前／我会不会忽然地出现／在五老峰松林间／你们遥望远方／兄弟难全／你我隔山百里远／我多么想和你们见面／看你们最近改变／不再独留他乡／亲人团圆／灯火也可亲／长辈的笑脸／好久不见。

◇随机采访三：

师：同学们有什么问题想问他们组吗？

生：歌词里的"那座山"可能是什么山？

小组成员：五老峰。

生：你们是怎么知道的？

小组成员：我们通过查资料知道王维的老家在当时的蒲州，也就是今天的山西永济。当地最有名的山就是五老峰，所以我们推断王维的兄弟登的应该是五老峰。

生：那"隔山百里远"中的"山"又是什么山？

小组成员：这里的"山"应该是"华山"。因为当时王维在长安，诗中的"山东"课文注释为"华山以东"，所以这里的"山"是指"华山"。

师：我更加佩服你们这一组了，不但歌词改得好，歌唱得好，关键还能经得住其他同学的质疑，祝贺你们完成了一次奇妙的学习之旅。再次给他们掌声。

春联展示、窗花展示、青团制作工艺展示等。（略）

活动小结：看了同学们今天的成果展示，我很感动，也为你们高兴。因为你们经历了一场奇妙的学习之旅。在这个旅程中，你们查资料、定方案、走访、练习。在方案的实施过程中，为了让别人接纳自己的意见，你们还一次又一次地与别的小组交流。我觉得你们都取得了很了不起的进步。中华传统节日不仅是中华民族风俗的体现，还是中华民族的文化符号和象征，相信大家在假日里与家人共度这些传统节日的时候，也感受到了中华优秀传统文化的魅力。请大家继续研究它，并把自己的研究发现讲解给家人听、表演给家人看。从小就在心中扎下中华优秀传统文化之根，做一个既有中国优秀传统文化气质又有开阔视野的学生。下课！

　　本次跨学科学习，师生紧紧围绕学生感兴趣的问题"中华传统习俗的古今变化"展开，学生在学习活动过程中不断反思、碰撞、评论、修正，完成了项目化学习的成果展示和交流。学生在经历主题探究的持续学习过程中学语文、用语文，其过程也包含了听、说、读、写、思、讲、演等语文学习的基本方法。同时，此次跨学科学习还综合了语文、美术、音乐学科的技能训练和文史、数学等学科的知识运用，但汉语知识和语言能力是学习的核心部分。整个探究学习和展示过程，既加深了学生对于中华传统节日的丰富内涵和文化魅力的理解，还让他们获得一种全新的学习方法，为自身核心素养的提升提供了保证。

参考文献

1. 中华人民共和国教育部.义务教育语文课程标准（2022年版）[S].北京：北京师范大学出版社，2022.

2. 潘文彬.还学习本来的样子：潘文彬儿童问学课堂十讲[M].上海：华东师范大学出版社，2022.

3. [美]莎娜·皮普斯.深度教学：运用苏格拉底式提问法有效备课设计和课堂教学[M].张春依，田晋芳，译.北京：中国青年出版社，2020.

4. 夏雪梅.项目化学习设计：学习素养视角下的国际与本土实践[M].北京：教育科学出版社，2019.

5. 潘文彬等.为了儿童的深度学习：问学课堂的建构与实施[M].南京：江苏凤凰教育出版社，2019.

6. [美]巴克教育研究所.项目学习教师指南:21世纪的中学教学法(第二版)[M].北京：教育科学出版社，2008.

7. 杜威.学校与社会.明日之学校[M].赵祥麟，等，译.北京：人民教育出版社，2005.

8. [美]阿卡西娅·M.沃伦.跨学科项目式教学：通过"+1"教学法进行计划、管理和评估[M].孙玉明，刘白玉，译.北京：中国青年出版社，2020.

9. 孙凤霞.小学语文课程统整：理论、路径与策略[M].北京：北京师范大学出版社，2019.

10. 李亮.双减背景下的小学语文课堂[J].江苏教育2022(03)：21-24.

11. 韦伟.设计与推进：对"项目化学习"的探讨[J].中小学教师培训，2020（12）.

12. 潘文彬. 探寻儿童问学课堂之道[J]. 语文教学通讯，2015(09)：13-16.

13. 董艳，张媛静，王宇，等. 项目化学习的"非常1+7"模式[J]. 数字教育，2021，7(03)：66-72.

14. 赵玉婷. 基于项目化学习提升学生生态素养[D]. 上海师范大学，2021.

15. 夏雪梅. 指向创造性问题解决的项目化学习：一个中国建构的框架[J]. 教育发展研究，2021，41(06)：59-67.

16. 汪雅凤，徐晨来，高翔. 指向系统思维培养的驱动问题设计[J]. 科教导刊，2021(06)：102-104.

17. 李金梅. 综合实践活动课程中的项目学习：理念、优势与改进[J]. 教育学术月刊，2021(02)：85-90.

18. 詹琪芳. 基于项目化学习(PBL)进行性状分离比模拟实验的探索[J]. 生物学通报，2021，56(01)：31-35.

19. 林莉，袁晓萍. 基于学术性探究的学科项目化学习设计与实施——以小学数学"校园数据地图"项目化学习为例[J]. 上海教育科研，2021(01)：83-87+9.

20. 陆苗. 综合性学习"遨游汉字王国"学习设计及思考[J]. 语文建设，2020(24)：14-18.

21. 高琼. 内生课堂：让学生自主、自治、自觉学习[J]. 人民教育，2020(23)：65-67.

22. 段爱华，余必健. 文学主题单元项目化学习的开发与设计——以五年级上册第三单元为例[J]. 语文建设，2020(22)：37-40.

23. 闫文. 小学语文综合性学习策略改进的行动研究[D]. 西北师范大学，2020.

24. 叶新. 小学中年级语文综合性学习中表现性评价应用的研究 [D]. 南京师范大学，2020.

25. 李会丽. G 小学项目化学习个案研究 [D]. 上海师范大学，2020.

26. 龚豪. 小学生在项目化学习中合作性问题解决能力的行动研究 [D]. 上海师范大学，2019.

27. 张丽娟. 项目式学习在小学语文阅读教学中的应用研究 [D]. 四川师范大学，2018.

28. 汪璐璐. 提供支架，让想象走向超越物性——统编教材三（下）习作八《这样想象真有趣》教学例谈 [J]. 小学教学参考，2019(13)：7-9.

29. 王春萍. 找准定位、举重若轻，实现例文价值——统编教材三年级下册第五单元"习作例文"教学探究 [J]. 小学教学参考，2019(07)：4-7.

30. 吴勇. 用教材"优势"推动教学"优质"——统编《语文》教材习作板块的解读与实践 [J]. 江苏教育，2019(01)：63-68.

31. 何捷. 运用方法自能读写——统编教材三（上）第四单元自读课文及习作教学思路 [J]. 小学教学参考，2018(25)：6-9.

32. 段宗平. 统编本小学语文教材的六点创新 [J]. 语文建设，2018(07)：19-23.

33. 潘文彬. 课堂，儿童的应许之地 [J]. 语文教学通讯，2018(06)：1.

34. 熊顺聪. 项目化学习设计中知识的重新建构 [J]. 教育理论与实践，2021，41(20)：57-60.

35. 夏雪梅. 学科项目化学习设计：融通学科素养和跨学科素养 [J]. 人民教育，2018(01)：61-66.

36. 刘育东. 我国项目学习研究：问题与趋势 [J]. 苏州大学学报（哲学社会科学版），2010（7）：185.

从"不以为然"到"无以为报"

2017年9月，我加入中华中学附属小学。开学不久，潘文彬校长邀请到《小学语文教学》杂志社的编辑来学校指导交流语文教学工作。

那次交流的主题是"儿童问学课堂的研究与实践"。会议开始由几位研究儿童问学课堂的核心成员向杂志社的编辑介绍儿童问学课堂的研究历程、现状以及现阶段的困惑。有一位编辑听完汇报，用极慢的语速问其中一位老师："现在叫'××课堂'的非常多，那你能不能简明扼要地告诉我'儿童问学课堂'与这些课堂有什么本质上的不同？"汇报的老师显然没想到会有人这样问，不待其开口，那位编辑又补充说："就比如说，你所说的问学任务单跟那些花样繁多的预习单或导学案有什么区别？"这个问题也是我想问的问题。我也十分期待有人能给我明确的答案。当时的我，真的感觉这些"××课堂"都只是换汤不换药，很有些不以为然。

这时，潘校长却笑着向大家介绍我，说："这是我们学校今年刚招聘来的骨干教师，他对这个问题一定有自己的看法。"说完就用鼓励的眼神看向我。对于问学任务单，我那时还没有深入了解过，只是在来学校报到的前几日看过学校老师发表的几篇有关儿童问学课堂的文章。其中有一篇是介绍问学任务单的结构和用法的。但在会场上，我几乎又没有什么印象了，只能用傻瓜演讲法，先给自己"挖坑"："个人感觉，问学任务单与预习单主要有以下三点不同：一是传统的备课是先有教案，后有预习单。而儿童问学课堂是先有问学任务单，后有教案。二是预习单中都是老师的问题，老师的问代替学生的问。儿童问学课堂中，学生的问是课堂的方向。三是……"说完，脸有点发烫，全然不知道自己讲的是否切中要害，更为自己之前对儿童问学课堂不以为然的态度而懊悔，为什么开会前就不能多花一点时间去研究一下？自以为看得多了，就浅薄地认为儿童问学课堂只是一种换了名称的一般课堂。

懊悔解决不了问题。之后的一段时间，我一口气将学校关于"儿童问学课堂"的成果全部读完，并对杂志编辑提出的问题做了再梳理。儿童问学课堂所使用的问学任务单与传统的预习单或导学案（以下"导学案""预习单"等统称为"预习单"）至少应有以下几点区别。

一是预习单是教案的浓缩，先有教案，后有预习单；而问学任务单记录的是学生在预习或学习过程中对学习内容产生的疑惑点，教师通过对学生问题的梳理、揣摩和概括，找到教学的重、难点，并设计教学活动。是先有问学任务单，后有教师的教案。二是预习单一般同时具有练习单的作用，教师可以通过预习单实现以练促学；而问学任务单的主要功能是搜集学生在学习全过程中的疑惑，教师以学生之问导教，以学生之问导学，学生以自己的问题为学习起点展开学习。三是预习单是用教师的问来代替学生的问；而在儿童问学课堂中，学生的问是课堂的方向。所以在传统的课堂中，学生的学是相对被动的，学生常常是在解决教师提出的问题；在儿童问学课堂中，学生的学习是主动的，他们是在解决自己和同伴的疑惑的过程中理解了核心知识，建构了语言和思维。这一点直接决定了学生是不是能真正站在课堂的中央。四是传统运用预习单的课堂，大都以夯实学习内容中的基础知识和重要考点为目的；而儿童问学课堂因为问学任务单的使用，更多指向的是学生的思维训练。在学习过程中，学生的思维始终在流淌，学生通过问题激发思维、发展思维、完善思维，问题是学生思维发展的不竭动力和源泉。五是运用传统预习单的课堂往往追求单一问题的解决，问题的延展性不够，学生的思维往往走向的也是一个闭环；而在儿童问学课堂中，问题会随着学习的进程不断被讨论，并不断产生新问题，上一个阶段的学习可以引发下一个阶段的学习，问题具有很强的生成性，思维具有很强的开放性。六是预习单中的问题往往具有前置性，大部分只供课前使用；而问学任务单中的问题具有全程性，在课前、课中、课后不断拓展发散，学生的思维呈螺旋上升的发展趋势，具有很强的延展性和层进性。第七，传统的课堂学习往往带有一定的浅知性，以寻求某种答案为目的，知识获得往往以识记现成的知识为主；而儿童问学课堂中的学习更具有深刻性，因为它更强调学生独立思考和合作解决问题，学习是自主的，也是合作的，学习的结果也是结构化的，更能够促进学生将不同的知识融会贯通和系统化建构，最终培养的是有创新意识的人，是全面发展的人……以上梳理只是对于相关文献的阅读和思考而得出的结论，但真实的课堂是不是这样，仍有待于课堂实践的检验。

当年12月，我有了第一次对外展示儿童问学课堂的机会。执教的篇目是冯骥才的《珍珠鸟》。整节课从学生关心的核心问题，即"为什么信赖就能创造出美好的境界呢？"这个问题入手，一步步与学生分解问题、转化问题、解决问题。课上，我只是做了以下两件事：一是分解、转化学生的问题；二是发现学生的新问题。当学生找到思考和解决问题的入口，贴近学生思维的教学方案自然就形成了。在课堂中，学生在解决问题的过程中不断产生新的问题，形成"问题链"，从而保证了思维的连续性。还有学生围绕大家共同关心的问题不时地进行个性化表达，把知识、生活、生命的深刻共鸣用语言分享给同伴，学生获得的是一个快乐的学习过程，而我获得的则是教学带来的满足感。这是我此前那么多次公开课展示过程中极少能拥有的心境。

2021年5月，我执教《两小儿辩日》一课。有学生问："两小儿，谁说得对？"更有人问："谁对谁错真的那么重要吗？"学生们各抒己见，有的说对错很重要，有的说"善于观察、爱思考，有好奇心，有求知欲"才重要。而这正是单元语文要素和人文主题中的关键词。对于学生提出的

"孔子为何不决"，经过交流，有学生说："孔子有可能不知道，所以不决。但即便知道，他仍然有可能选择不决。因为孔子是大学问家、大教育家。作为大教育家，他会为保护孩子的好奇心而不去决断，他无论判断谁对都会伤害另一个孩子。"在这个过程中，学生获得的不是绝对化的认知，而是充满了思辨性的表达。这怎能不叫人感到惊喜！

幸运的是，在无数次的课堂实践中，儿童问学课堂都给了我这样的惊喜与满足，有时甚至让我在自惭形秽中还略有震撼！

《精卫填海》是四年级上册的一篇文言文。课文非常简短，只有两句话，第一句交代了故事的主要人物及其身份，第二句前半句交代了填海的起因。其中后半部分是故事的重点，写了精卫常常衔着西山的树枝和石子来填塞东海，想把东海填平。课文中的插图生动形象，面对汹涌澎湃的东海，精卫目光坚毅，毫无畏惧。当时，我正在引导学生结合插图感悟精卫的坚韧与执着。突然，小王同学举起了手。在儿童问学课堂中，像他这样在大家讨论得忘情时举手提问的同学非常多。我照例先让他说说自己的问题，他说："精卫的坚韧与执着真的值得赞美吗？"我让他继续说下去，大家也一起思考。他看大家一脸茫然，似乎有些着急："精卫填海的原因只是由于自己不小心淹死，然后就去填海。"这真是一石激起千层浪，大家纷纷举手："她这是泄私愤""她自己不会游泳，还怪罪大海""她越坚韧，对大海的破坏就越大"，还有一名男生甚至气愤地说："如果她这样做也值得赞美，那么，如果我在路上摔伤了，我是不是就应该把整条马路全部挖掉？"……问题交流到最后，学生分成两派：一派认为这只是个神话，只是想说明一个道理，像这样的神话还有很多，如《愚公移山》；另一派认为，精卫的精神不值得学习和赞美。于是我留下一项作业：精卫与愚公有什么不同？学生非常感兴趣，研究的结果是：愚公是为子孙和他人造福，为解决人们"出入之迂"的困难，从最后天神帮他移掉两座大山也可以看出他所做的事是有意义的，连老天都想帮助他；而精卫只是自己不小心淹死怪罪于大海才要填海。她只是为泄私愤，所以最后也没听说有什么天神愿意帮她……我确实应该为他们骄傲——为他们提问的胆量、研究的激情和理性的思考。

这就是儿童问学课堂，学生从已知到未知，从课内到课外，他们不迷信老师，也不迷信课本，他们有自己的思考并能将它们表达！这才是真正的学习！现在，我们把项目化学习的一些理念融入儿童问学的研究和实践中，目的是让学生更主动地学，更深入地学，更真实地学。江苏省教育科学研究院副院长杨九俊先生说，儿童问学课堂的样子应体现"五有"：一是有项目（系统的，易操作的项目），二是有问题（学生提出的问题），三是有活动（学生主动深入参与的活动），四是有效率（除了知识技能的学习，更聚焦人的发展），五是有规则（如时间管理、行为管理、情绪管理等）。儿童问学课堂中的学习鲜明地体现了上述特点。其学习都能围绕核心任务展开，这个核心任务再分解成几个小的驱动型任务进行。其学习不只是为了掌握某一个知识点，而是培养学生发现问题和解决问题的能力，其学习过程是与时代的发展同频共振的。

现在，由于一直跟随潘文彬校长以及小伙伴们研究儿童问学课堂，自己的语文教学生活也发生了巨大的变化，成就感和幸福感常伴。感谢潘文彬校长和各位同事，是你们给了我不一样的语文教学生活。尤其感谢潘文彬校长，是他带着我重新审视自己的工作，重新审视儿童。他的个人教学风格和语文教学思想对我产生了深刻的影响，特别是他追求本真、关注儿童、尊重规律、时刻清醒的教育教学观一直在改变着我。关于"本真"，他说要"让语文成为语文"，"用语文的方式教语文"，"语文要有自己的独当之任"，语文教学要"简单"，还要"实在"；关于"儿童"，他说"要守护儿童的天性"，"让儿童成为儿童"，教师要"尊重儿童、激活儿童，发展儿童、成就儿童"，还要"悦纳每一个儿童"，"要让他们活泼泼地生长"；关于"规律"，他说既要"遵循教育规律"，还要"研究和发现儿童身心发展规律"。所以，也是他带着我重新审视儿童。儿童问学课堂，首先是儿童，然后才是课堂，课堂首先关注的是儿童。潘校长对儿童之"问"及其研究非常重视，他认为语文学习活动和学生的问题有着天然的关系。如何去把问的精神与学生问的形式、方法、效果等结合起来，让问题更好地激发、促进和深化学生的学习，渐渐也成为我教学研究的中心，也就有了这本拙作。

加入中华中学附属小学这个大家庭五年来，学校的每一位领导和老师都曾给过我真诚的关怀和支持，让我倍感温暖。本人自恨无能报德，只能加志笃进。

本书能够出版，还要感谢著名特级教师袁浩校长，因对晚辈一贯的呵护和包容，才使他习惯性地给予我指导和支持，感谢他为拙作作序并给我巨大的鼓励。同时还要感谢济南出版社的各位领导和编辑老师，感谢他们为拙作所做的精心策划与编辑，在此一并深表谢意！

敬请各位专家、老师和朋友指正！

时珠平

2023年2月6日